CONTEMPLAI

"MOSTRA-ME, Ó AMOR DE MINHA ALMA." (Ct 1,7)

CONGREGAÇÃO PARA OS INSTITUTOS DE VIDA
CONSAGRADA E AS SOCIEDADES DE
VIDA APOSTÓLICA

ANO DA VIDA CONSAGRADA

CONTEMPLAI

"MOSTRA-ME, Ó AMOR DE MINHA ALMA." (Ct 1,7)

AOS CONSAGRADOS E ÀS CONSAGRADAS
SOBRE OS SINAIS DA BELEZA

© 2016 – Libreria Editrice Vaticana

Título original: *Contemplate. Ai consacrati e alle consacrate*
sulle tracce della bellezza

Direção-geral: *Bernadete Boff*
Editora responsável: *Maria Goretti de Oliveira*
Tradução: *D. Hugo C. da S. Cavalcante, OSB*

1ª edição – 2016

Nenhuma parte desta obra poderá ser reproduzida ou transmitida
por qualquer forma e/ou quaisquer meios (eletrônico ou mecânico,
incluindo fotocópia e gravação) ou arquivada em qualquer sistema ou
banco de dados sem permissão escrita da Editora. Direitos reservados.

Paulinas
Rua Dona Inácia Uchoa, 62
04110-020 – São Paulo – SP (Brasil)
Tel.: (11) 2125-3500
http://www.paulinas.org.br – editora@paulinas.com.br
Telemarketing e SAC: 0800-7010081
© Pia Sociedade Filhas de São Paulo – São Paulo, 2016

"O amor autêntico
é sempre contemplativo."
(Papa Francisco)

Caríssimos irmãos e irmãs,

1. O Ano da Vida Consagrada – caminho precioso e abençoado – atravessou o seu zênite, enquanto as vozes dos consagrados e das consagradas de todas as partes do mundo exprimem a alegria da vocação e a fidelidade à sua identidade na Igreja, testemunhada às vezes até o martírio.

As duas Cartas *Alegrai-vos* e *Perscrutai* deram início a um caminho de reflexão comunitária, séria e significativa, que colocou questões existenciais à nossa vida pessoal e de Instituto. Convém agora continuar a nossa reflexão com mais vozes, fixando o olhar no coração da nossa vida de *seguimento*.

Lançar o olhar na profundidade do nosso viver, verificar a razão do nosso peregrinar em busca de Deus, interrogar a dimensão contemplativa dos nossos dias, para reconhecer o mistério da graça que nos alimenta, nos apaixona, nos transfigura.

O Papa Francisco nos chama com solicitude a dirigir o olhar da nossa vida para Jesus, mas também para deixar-se olhar por ele para "redescobrir cada dia que somos depositários de um bem que humaniza, que ajuda a conduzir uma vida nova".[1] Convida-nos a exercitar o olhar do coração porque "o amor autêntico é sempre contemplativo".[2] Seja a relação teologal da pessoa consagrada com o Senhor (*confessio Trinitatis*), seja a comunhão fraterna com aqueles que

---

[1] FRANCISCO. Exortação Apostólica *Evangelii Gaudium*, n. 264.
[2] Ibidem, n. 200.

são chamados a viver o mesmo carisma (*signum fraternitatis*), seja a missão como epifania do amor misericordioso de Deus na comunidade humana (*servitium caritatis*), tudo se refere à busca que jamais acaba do Rosto de Deus, a escuta obediente da sua Palavra, para alcançar a contemplação do Deus vivo e verdadeiro.

As várias formas de vida consagrada – eremítica e virginal, monástica e canonical, conventual e apostólica, secular e de nova fraternidade – bebem na fonte da contemplação, aí se restauram e tomam vigor. Nela encontram o mistério que a habita e encontram a plenitude para viver a figura evangélica da consagração, da comunhão e da missão.

Esta Carta – que se insere em linha de continuidade com a Instrução *A dimensão contemplativa da vida religiosa* (1980), a Exortação Apostólica Pós-Sinodal *Vita Consecrata* (1996), a Carta Apostólica *Novo Millennio Ineunte* (2001) e as Instruções *Partir de Cristo* (2002) e *Faciem tuam, Domine, requiram* (2008) – chega até vós, portanto, como convite aberto sobre o mistério de Deus, fundamento de toda a nossa vida. Um convite que abre um horizonte jamais alcançado e nunca totalmente experimentado: a nossa relação com o segredo do Deus vivo, o primado da vida no Espírito, a comunicação de amor com Jesus, centro da vida e fonte contínua de toda iniciativa,[3] experiência viva que

---

[3] Cf. CONGREGAÇÃO PARA OS INSTITUTOS DE VIDA CONSAGRADA E AS SOCIEDADES DE VIDA APOSTÓLICA. Instrução *Partir de Cristo. Um renovado compromisso da vida consagrada no Terceiro Milênio*, n. 22.

requer ser partilhada.[4] Ressoa o desejo: "Guarda-me como o sinete sobre teu coração" (Ct 8,6).

O Espírito Santo que somente conhece e move o nosso íntimo, *intimior, intimo meo*,[5] nos acompanhe na verificação, na edificação, na transformação da nossa vida, para que seja acolhida e júbilo de uma Presença que nos habita, desejada e amada, verdadeira *confessio Trinitatis* na Igreja e na cidade humana: "Nós nos dispomos a recebê--lo com muito mais capacidade quanto maior a fé com que acreditamos, a firmeza com que esperamos, o ardor com que desejamos".[6]

O grito místico que reconhece o Amado, "Tu és o mais belo entre os filhos dos homens" (Sl 45,3), como potência de amor fecunda a Igreja e recompõe na cidade humana os fragmentos perdidos da beleza.

---

[4] Cf. SÃO JOÃO PAULO II. Exortação Apostólica pós-sinodal *Vita Consecrata*, n. 16.
[5] Cf. SANTO AGOSTINHO. *Confissões* III, 6, 11.
[6] SANTO AGOSTINHO. *Ep*, 130, 8, 17.

PRÓLOGO

"Pelas ruas e pelas praças,
procurando o amado de minha alma."
(Ct 3,2)

Na escuta

2. Quem ama é invadido por um dinamismo, experimenta o caráter pascal da existência, aceita o risco da saída de si para alcançar o outro – não apenas num espaço externo, mas também na sua interioridade – e descobre que o próprio bem é habitar no outro e acolhê-lo em si. O amor põe sobre o outro um olhar novo, de especial intimidade, em razão do qual o outro não pertence ao plano das ideias, não permanece na porta, mas acessa o microcosmo do próprio sentir, de modo a se tornar "o amado de minha alma" (Ct 3,2), o meu "procurado".

É este o dinamismo que atravessa o *Cântico dos Cânticos* (em hebraico *šîr haššîrîm*), livro por excelência, a ponto de ser definido o "santo dos santos" do Antigo Testamento. É o primeiro dos cinco títulos (*meghillôt*) que para os hebreus têm uma especial relevância litúrgica: vem lido propriamente durante a celebração da Páscoa. Este canto *sublime* celebra a beleza e a força atrativa do amor entre o homem e a mulher, que brota dentro de uma história feita de anseio, de busca, de encontro, que se faz êxodo atravessando "ruas e praças" (Ct 3,2) e que acende no mundo o fogo do amor de Deus. Se o amor humano é apresentado no livro como "labaredas divinas" (Ct 8,6: *šalhebetyâ*), labareda de *Yãh*, é porque é a via mais sublime (1Cor 12,31), é a realidade sem a qual o homem é "nada" (1Cor 13,2), é aquilo que aproxima mais a criatura a Deus. O amor é ressonância e fruto da própria natureza de Deus. A criatura que ama se humaniza, mas ao mesmo tempo experimenta também o início de um processo de divinização porque "Deus é amor" (1Jo 4,10.16). A criatura que ama tende para a plenitude e a paz, para o *šalom*, que é a ancoragem na comunhão, como para os esposos do *Cântico* que este *šalom* o leva no nome, (ele é *šelômõh*, ela é *šûlammît*).

O *Cântico* foi interpretado de modo literal, como celebração da força do amor humano entre uma mulher e um homem, mas também de modo alegórico, como na grande tradição hebraico-cristã, para falar da relação, Deus--Israel, Cristo-Igreja. O livro, porém, encontra o seu apoio na dinâmica esponsal do amor e – no modo de parábola que ajuda a transferir-se para outro lugar em que se fala a linguagem viva dos enamorados que cura da solidão, da fraqueza, do egoísmo – reconduz-nos no nosso presente sugerindo-nos que a vida não procede por imposição de comandos ou constrições, não procede por regras, mas na força de um êxtase, de um encanto, de um arrebatamento que leva para fora de si, põe em caminho e lê a história em chave relacional, comunional e agápica.

Este amor de natureza esponsal que perpassa todos os sentidos e inspira os passos do caminho, a criatura humana pode vivê-lo não apenas em relação a um outro ser humano, mas também a Deus. É o que acontece a quem se consagra a Deus no horizonte sapiencial e na atmosfera fecunda dos conselhos do Evangelho, direcionados a proclamar o primado da relação com ele. Por isto o *Cântico* é um farol que ilumina os consagrados.

O *Cântico*, definido canto de mística unitiva, pode ser lido também como itinerário do coração para Deus, como peregrinação existencial para o encontro com o Deus feito carne que ama nupcialmente. Ele pode ser lido como uma sinfonia do amor esponsal que compreende a inquietude da busca do amado (*dôd*), embasado no encontro que sacia o coração e o parar na degustação da eleição e da mútua pertença.

À luz do *Cântico*, a vida consagrada parece uma vocação ao amor que tem sede do Deus vivo (Sl 42,3; 63,2), que acende no mundo a busca do Deus escondido (1Cr 16,11; Sl 105,4; Is 55,6; Am 5,6; Sf 2,3) e que o encontra nos rostos dos irmãos (Mt 25,40). É ali que Deus encontra o espaço para colocar a sua tenda (Ap 21,3); na oração ou no profundo do coração onde Deus ama viver (Gl 2,20). Homens e mulheres consagrados se movem em direção a Cristo para encontrar as suas palavras que "são Espírito e são vida" (Jo 6,63), atentos para encontrá-lo em lugares sagrados, mas também "pelas ruas e pelas praças" (Ct 3,2), dispostos a fazer do encontro pessoal com o seu amor uma paixão que intercede na história.

Vida consagrada, *statio orante* no coração da história

3. O Papa Francisco, na *Carta Apostólica* endereçada aos consagrados e às consagradas, escreve: "Espero que cada forma de vida consagrada se interrogue sobre o que pedem Deus e a humanidade de hoje. Só com esta atenção às necessidades do mundo e na docilidade aos impulsos do Espírito é que este Ano da Vida Consagrada se tornará um autêntico *kairòs*, um tempo de Deus rico de graças e de transformação".[7]

É uma interrogação que ressoa em cada um de nós. O papa oferece uma primeira resposta: "Experimentar e mostrar que Deus é capaz de preencher o nosso coração e fazer-nos felizes sem necessidade de procurar noutro lugar a nossa felicidade".[8]

Desejosos de plenitude e buscadores de felicidade, apaixonados e jamais saciados de alegria, esta inquietude nos une.

Buscamos a alegria verdadeira (cf. Jo 15,11) em "um tempo em que o esquecimento de Deus se torna habitual; um tempo em que o ato fundamental da pessoa humana tende a exigir uma liberdade total, livre de todas as leis que transcendam a ordem natural das coisas; foi um tempo em que a razão humana pretende exprimir o que é absurdo e tira toda a esperança; foi num tempo, finalmente, em que

---

[7] FRANCISCO. Carta Apostólica *A todos os consagrados*, por ocasião do Ano da Vida Consagrada, n. 5.

[8] Ibidem, II, n. 1.

as religiões étnicas estão sujeitas a perturbações e transformações jamais experimentadas".[9]

São palavras que o Beato Paulo VI dirigia ao mundo no discurso da Última Sessão pública do Concílio Vaticano II. O nosso tempo – ainda mais que no rescaldo das Sessões conciliares – é caracterizado pela centralidade paradigmática da mudança e tem como elementos distintivos a velocidade, a relatividade e a complexidade. Tudo muda num ritmo mais veloz que no passado e isto causa desorientação e inquietude em quantos permanecem ancorados em certezas antigas e em velhos elementos de interpretação da realidade. Esta aceleração torna o presente volátil: o presente é o lugar das emoções, dos encontros, das escolhas provisórias, enquanto se exigiria estabilidade e pontos fortes para valorizar e viver.

Na superabundância de acontecimentos, de comunicações e de experiências é difícil fazer síntese e discernir. Por isso, muitos não conseguem viver uma busca de sentido para tornar o presente laboratório de compreensão, de comunhão e de partilha.

A cultura atual, especialmente a ocidental, dirigida prevalentemente à práxis, toda visando ao fazer e ao produzir, gera – como resposta – a necessidade inconsciente do silêncio, da escuta, do alento contemplativo. Estas duas orientações contrapostas, todavia, podem desencadear uma maior superficialidade. Seja o ativismo, seja alguns modos

---

[9] BEATO PAULO VI. *Alocução* por ocasião da Última Sessão pública do Concílio Ecumênico Vaticano II.

de viver a contemplação, podem representar quase uma fuga de si mesmo ou do real, uma ociosidade neurótica que gera vida de inquietação e de desperdício.

Exatamente neste contexto "não deixa de sobressair, às vezes de maneira confusa, uma exigência singular e crescente de espiritualidade e de sobrenatural, sinal de uma inquietação que habita no coração do homem que não se abre ao horizonte transcendente de Deus... Infelizmente, é mesmo Deus quem permanece excluído do horizonte de muitas pessoas; e quando não encontra indiferença, fechamento ou rejeição, contudo deseja-se relegar o discurso sobre Deus para o âmbito subjetivo, reduzido a uma questão íntima e particular, marginalizado pela consciência pública".[10]

4. A vida consagrada, caracterizada pela busca constante de Deus e pela contínua re-visitação da sua identidade, respira as instâncias e o clima cultural deste mundo que, tendo perdido a consciência de Deus e da sua presença eficaz na história, corre o risco de não reconhecer a si mesmo.

Vive um tempo não apenas de *des-encanto*, *des--acordo*, e *in-diferença*, mas também de *não senso*. Para muitos é tempo da *perda*, de deixar-se enganar pela renúncia à busca do significado das coisas, verdadeiros náufragos do espírito.

---

[10] BENTO XVI. *Discurso* à Assembleia da Conferência Episcopal Italiana, Cidade do Vaticano (24 de maio de 2012).

Neste tempo a Igreja – e a vida consagrada nela – é chamada a testemunhar que "Deus existe; realmente existe; vive; é pessoal; é providente, dotado de infinita bondade, não só bom em si mesmo, mas imensamente bom para nós; é o nosso criador, a nossa verdade, a nossa felicidade, de tal modo que o homem, quando procura fixar em Deus a sua mente e o seu coração, entregando-se à contemplação, realiza o ato que deve ser considerado o mais sublime e mais perfeito; ato que mesmo hoje pode e deve estar no alto da imensa pirâmide da atividade humana".[11]

É esta a tarefa confiada à vida consagrada: testemunhar – neste nosso tempo – que Deus é a felicidade. Fixar nele o olhar e o coração nos permite viver em plenitude.

O termo contemplar na linguagem quotidiana vem sendo usado para indicar o olhar ao longe, observar com atenção algo que desperte deslumbramento ou admiração: o espetáculo da natureza, o céu estrelado, um quadro, um monumento, uma paisagem. Este olhar, colhendo a beleza e saboreando-a, pode ir além daquilo que se está contemplando, impulsionar a busca do Autor da beleza (cf. Sb 13,1-9; Rm 1,20). É um olhar que contém em si alguma coisa que vai além dos olhos: o olhar de uma mãe sobre o filho que dorme em seus braços, ou o olhar de dois idosos que depois de uma vida vivida juntos permanecem no amor. É um olhar

---

[11] BEATO PAULO VI. *Alocução* por ocasião da Última Sessão pública do Concílio Ecumênico Vaticano II.

que comunica intensamente, exprime uma relação, narra o que um é para o outro.

Se é verdade que a origem do termo contemplação é grega (*theorein/theoria*) – e indica a intuição da razão da multiplicidade daquilo que se vê remonta ao uno, colhe o todo através do fragmento e a íntima natureza das coisas no fenômeno –, é ainda mais verdade que o homem bíblico tem um *animus* essencialmente contemplativo. No seu espanto de criatura, consciente de receber o ser e a existência do ato livre e gratuito de Deus, encontra a ancoragem de toda inquietude do coração. Os Salmos são permeados por este olhar de gratidão e de maravilha sobre o homem e sobre as coisas.

5. O homem bíblico é consciente da amorosa iniciativa e liberalidade de Deus, também em um outro âmbito: o dom da Palavra. A iniciativa de Deus que se dirige à sua criatura, estabelece com ele um diálogo, o envolve naquela relação pessoal de reciprocidade que é a Aliança – Eu para ti e tu para mim – não é um "dado" subtraído, ao qual se possa acostumar. É uma revelação surpreendente diante da qual simplesmente "estar" em atitude de receptividade e reconhecimento.

Os Profetas são testemunhas qualificadas desta atitude. As *dez palavras*, com as quais é selada a Aliança (cf. Ex 34,28), são introduzidas por "escuta, Israel" (Dt 6,4). O primeiro pecado, ou melhor, a raiz de todo pecado para Israel, é o esquecimento da Palavra: assim na origem, com a reinvindicação de autonomia em relação a Deus (cf. Gn 3,3-6), assim Moisés e os profetas denunciam, na censura severa ao povo, o abandono da Aliança. "A Palavra de Deus revela inevitavelmente também a dramática possibilidade que tem a liberdade do homem de subtrair-se a este diálogo de aliança com Deus, para o qual fomos criados. De fato, a Palavra divina desvenda também o pecado que habita no coração do homem."[12]

Na plenitude dos tempos a iniciativa de Deus alcança o seu cumprimento: a Palavra se condensou, a ponto de fazer-se carne e morar entre nós, abreviou-se, a ponto de calar na *hora* decisiva da Páscoa; a criação cede o passo à redenção, que é criação nova.

O termo contemplação se encontra uma única vez no Novo Testamento. O único texto em que ocorre a terminologia da contemplação se refere ao olhar e ao coração humano fixados sobre Jesus Cristo Crucificado, aquele que deu a conhecer Deus aos homens (cf. Jo 1,18). Vem determinado o momento imediatamente após a morte de Jesus com a exclamação do centurião que, sobre a cruz, proclama: "Realmente! Este homem era justo!" (Lc 23,47). Lucas anota: "E as multidões que tinham acorrido para assistir à cena (grego: *theoria*; latim: *spetaculum*), viram o que havia acontecido e foram embora, batendo no peito" (Lc 23,48). A passagem lucana fala da unidade entre exterioridade e interioridade, de olhar e arrependimento. O ato de ver e o gesto de bater-se no peito indicam uma profunda

---

[12] BENTO XVI. Exortação Apostólica pós-sinodal *Verbum Domini*, n. 26 Entre os textos bíblicos se podem citar, por exemplo, Dt 28,1-2.15.45; 32,1; entre os profetas cf. Jr 7,22-28; Ez 2,8; 3,10; 6,3; 13,2, até os últimos: cf. Zc 3,8. Para São Paulo cf. Rm 10,14-18; 1Ts 2,13.

unidade da pessoa, unidade que se cria misteriosamente diante de Cristo. O termo *theoria* (contemplação) designa, então, o *espetáculo concreto* [...] de Jesus de Nazaré 'Rei dos Judeus' crucificado":[13] é Cristo crucificado o centro da contemplação cristã.

Portanto, a contemplação é "olhar de fé fixado em Jesus",[14] segundo as simples palavras do agricultor de Ars ao seu Santo Cura: "Eu o olho e ele me olha".[15] Santa Teresa de Jesus, do mesmo modo, explica: "Como aqui embaixo, se duas pessoas se amam muito e são de inteligência esperta, mesmo sem nenhum sinal parece que se compreendem, apenas com o olhar-se, assim deve ser em tal circunstância na qual, sem que nós possamos entender como, estes dois amantes se olham fixamente; do mesmo modo em que o esposo fala à esposa no Cântico dos Cânticos, o quanto me parece de ter ouvido, é aquilo que acontece aqui".[16]

A contemplação é, então, o olhar do homem sobre Deus e "sobre a obra das suas mãos" (cf. Sl 8,4). É, para retornar às palavras do Beato Paulo VI, "o esforço de fixar nele o olhar e o coração, [...] o ato mais alto e mais pleno do espírito".[17]

---

[13] DOSSETTI, G. L'esperienza religiosa. Testimonianza de un monaco. In: AA. VV. *L'esperienza religiosa oggi.* Milano: Vita e Pensiero, 1986. p. 223.

[14] CATECISMO DA IGREJA CATÓLICA, n. 2715.

[15] Ibidem.

[16] SANTA TERESA D'ÁVILA. *Livro da Vida*, 27,10.

[17] BEATO PAULO VI. *Alocução* por ocasião da Última Sessão pública do Concílio Ecumênico Vaticano II.

6. As pessoas consagradas são chamadas – talvez hoje mais do que nunca – a ser profetas, místicos e contemplativos, para descobrir os sinais da presença de Deus na vida quotidiana, a se tornar interlocutores sábios que sabem reconhecer as perguntas que Deus e a humanidade põem nos caminhos da nossa história. O grande desafio é a capacidade de "continuar a 'ver' a Deus com os olhos da fé, em um mundo que ignora a presença dele".[18]

A própria vida, assim como se apresenta, é chamada a se tornar o lugar da nossa contemplação. Cultivar a vida interior não deve gerar uma existência que se coloca entre o céu e a terra, no êxtase e na iluminação, mas uma vida que na humilde proximidade com Deus e na sincera empatia para com o próximo cria e realiza na história uma existência purificada e transfigurada.

Dietrich Bonhoeffer usa a imagem do *cantus firmus*[19] para explicar como o encontro com Deus permite ao crente contemplar o mundo, os homens, as tarefas a desenvolver, com uma atitude contemplativa, e esta atitude lhe permite ver, viver e saborear em todas as coisas a presença misteriosa de Deus Trindade.

O contemplativo une, pouco a pouco, mediante um longo processo, o trabalho para Deus e a sensibilidade para percebê-lo, percebe o rumor dos passos de Deus nos

---

[18] VC, n. 68.

[19] BONHOEFFER, D. Carta a Renata ed Eberhard Bethge. In: *Obra de Dietrich Bonhoeffer*. Brescia: Queriniana, 2002. v. 8: *Resistenza e resa*, p. 412.

acontecimentos da vida quotidiana, se torna especialista do "murmúrio de uma leve brisa" (1Rs 19,12) da cotidianidade na qual o Senhor se torna presente.

Na Igreja as dimensões contemplativa e ativa se entrelaçam sem poder ser separadas. A Constituição *Sacrosanctum Concilium* sublinha a natureza teândrica da Igreja que é "humana e divina, visível e dotada de elementos invisíveis, empenhada na ação e dada à contemplação, presente no mundo e, todavia, peregrina, mas de forma que o que nela é humano se deve ordenar e subordinar ao divino, o visível ao invisível, a ação à contemplação, e o presente à cidade futura que buscamos".[20]

Convidamos a retornar ao princípio e fundamento de toda a nossa vida: a relação com o Mistério do Deus vivo, o primado da vida no Espírito, a comunicação de amor com Jesus, "o centro da vida e a fonte contínua de toda iniciativa",[21] experiência chamada a ser partilhada.[22]

A nós consagrados fará bem recordar que nenhuma ação eclesial é evangelicamente fecunda sem *permanecermos* intimamente unidos a Cristo, que é a videira (cf. Jo 15,1-11): "Sem mim, nada podeis fazer" (Jo 15,5). Quem não permanece em Cristo não poderá dar nada ao mundo,

---

[20] CONCILIO ECUMÊNICO VATICANO II. Constituição sobre a Sagrada Liturgia *Sacrosanctum Concilium*, n. 2.

[21] CONGREGAÇÃO PARA OS INSTITUTOS DE VIDA CONSAGRADA E AS SOCIEDADES DE VIDA APOSTÓLICA. Instrução *Partir de Cristo. Um renovado compromisso da vida consagrada no Terceiro Milênio*, n. 22.

[22] VC, n. 16.

não poderá fazer nada para transformar as estruturas de pecado. Afadigar-se-á com muitas coisas, talvez importantes, mas não essenciais (cf. Lc 10,38-42), com o risco de correr em vão.

O Papa Francisco nos encoraja: "Jesus quer evangelizadores que anunciem a Boa-Nova, não só com palavras, mas sobretudo com uma vida transfigurada pela presença de Deus. [...] Evangelizadores com espírito, quer dizer evangelizadores que rezam e trabalham. [...] É preciso cultivar sempre um espaço interior que dê sentido cristão ao compromisso e à atividade. Sem momentos prolongados de adoração, de encontro orante com a Palavra, de diálogo sincero com o Senhor, as tarefas facilmente se esvaziam de significado, mortificamo-nos com o cansaço e as dificuldades, e o ardor se apaga. A Igreja não pode dispensar o pulmão da oração".[23]

7. Na Igreja, como *cantus firmus*, irmãos e irmãs *exclusivamente contemplativos*, são "sinal da união exclusiva da Igreja-Esposa com o seu Senhor, profundamente amado",[24] mas esta Carta não é dedicada exclusivamente a eles. Convidamos a aprofundar juntos a dimensão contemplativa no coração do mundo, fundamento de toda vida consagrada e verdadeira fonte de fecundidade eclesial. A contemplação pede à pessoa consagrada proceder com novas modalidades do espírito.

---

[23] EG, n. 259; n. 262.
[24] VC, n. 54.

– Um novo modo de colocar-se em relação com Deus, consigo mesmo, com os outros, com a criação, que dele *traz significação*.[25] A pessoa contemplativa atravessa qualquer barreira até chegar à fonte, a Deus; abre os olhos do coração para poder *olhar, considerar, contemplar* a presença de Deus nas pessoas, na história e nos acontecimentos.

– Um encontro pessoal com o Deus da história, que na pessoa do seu Filho "vem habitar no meio de nós" (cf. Jo 1,14), e se faz presente na história de cada pessoa, nos acontecimentos quotidianos e na obra admirável da criação. A pessoa contemplativa não vê a vida como um obstáculo, mas como um espelho que misticamente reflete o Espelho.[26]

– Uma experiência de fé que supera a confissão vocal do credo, deixando que as verdades nele contidas se tornem prática de vida. A pessoa contemplativa é antes de tudo uma pessoa crente, de fé, de uma *fé encarnada* e não de uma *fé-laboratório*.[27]

---

[25] SÃO FRANCISCO DE ASSIS. *Cântico das Criaturas*, n. 4.

[26] Cf. SANTA CLARA. Quarta Carta à bem-aventurada Inês de Praga. In: *FF*, 2901-2903.

[27] SPADARO, A. Entrevista com o Papa Francisco. In: *La Civiltà Cattolica* 164 (2013/III) 474.

– Uma *relação de amizade*, um *tratar de amistad*,[28] como afirma a primeira mulher doutora da Igreja, Santa Teresa de Jesus; dom de um Deus que deseja comunicar-se em profundidade com o homem, como verdadeiro amigo (cf. Jo 15,15). Contemplar é gozar da amizade do Senhor, na intimidade de um Amigo.

– Uma imersão na procura apaixonada de um Deus que habita conosco e se põe em contínua procura no caminho dos homens. A pessoa contemplativa compreende que o eu pessoal marca a distância entre Deus e si mesmo, por isto não cessa de ser *mendicante* do Dileto, buscando-o no lugar certo, na profundeza de si, santuário onde Deus habita.

– Uma abertura à revelação e à comunhão do Deus vivo, por Cristo, no Espírito Santo.[29] A pessoa contemplativa se deixa preencher pela revelação e transformar pela comunhão, torna-se ícone luminoso pela Trindade e faz perceber, na fragilidade humana, "o fascínio e a nostalgia da beleza divina".[30] O mesmo acontece no silêncio de vida, onde calam as palavras de modo que fale o olhar pleno de espanto da criança; que falem as mãos abertas que partilham no gesto da mãe

---

[28] SANTA TERESA D'ÁVILA. *Vida*, 8,5.
[29] Cf. CONGREGAÇÃO PARA OS INSTITUTOS DE VIDA CONSAGRADA E AS SOCIEDADES DE VIDA APOSTÓLICA. *A dimensão contemplativa da vida religiosa*, n. 1.
[30] VC, n. 20.

que não espera nada em troca; que falem os pés do "mensageiro" (Is 52,7), capazes de atravessar as fronteiras para o anúncio do Evangelho.

A contemplação, portanto, não justifica uma vida medíocre, repetitiva, entediada. "Só Deus basta" para aqueles que seguem Jesus: é a dimensão intrínseca e indispensável desta escolha. Com "o coração dirigido ao Senhor"[31] caminharam os contemplativos e os místicos da história do cristianismo. Para as pessoas consagradas à *sequela* de Cristo é sempre uma *sequela contemplativa*, e a contemplação é plenitude de uma *sequela* que transfigura.

---

[31] Cf. SÃO FRANCISCO DE ASSIS. *Regra não bulada*, 19.25.

BUSCAR

"Acaso vistes, vós,
o amado de minha alma?"
(Ct 3,3)

Na escuta

8. Amar significa dizer-se prontos para viver o aprendizado quotidiano da busca. A dinâmica da busca atesta que ninguém se basta a si mesmo, exige encaminhar-se para um êxodo no profundo de si mesmo, atraído por aquela "terra sagrada que é o outro",[32] para fundir-se na comunhão. O outro, porém, é mistério, está sempre além dos nossos desejos e das nossas expectativas, não é previsível, não requer posse, mas cuidado, proteção, é espaço de florescimento para a sua liberdade. Se isto vale para a criatura humana, quanto mais para Deus, mistério de suma liberdade, de relação dinâmica, de plenitude cuja grandeza nos supera, e cuja fragilidade manifestada por meio da cruz nos desarma.

O amor do *Cântico* é luta e fadiga, exatamente como a morte (*mãwet*, Ct 8,6), não é idealizado, mas cantado na consciência das suas crises e das suas perdas. A busca

---

[32] FRANCISCO. Exortação Apostólica *Evangelii Gaudium* (EG) (24 de novembro de 2013), n. 169.

comporta cansaço, pede para levantar-se e para colocar-se a caminho, requer assumir a obscuridade da "noite". A noite é ausência, separação ou distanciamento *daquele que o coração ama*; e o quarto da esposa, de lugar de repouso e de sonhos, se muda em prisão e lugar de pesadelos e tormentos (cf. Ct 3,1). A esposa, protagonista principal do drama, busca o amado, mas ele está ausente. É necessário buscá-lo, sair "pelas ruas e pelas praças" (Ct 3,2). Desafiando os perigos da noite, devorada pelo desejo de reabraçá-lo, a esposa põe a eterna pergunta: "Acaso vistes, vós, o amado de minha alma?" (Ct 3,3). É a pergunta lançada no coração da noite, que suscita a alegria da recordação dele, renova a ferida de uma distância insustentável. A esposa está sem dormir.

A noite volta protagonista no capítulo 5 do *Cântico*: a jovem está no seu quarto, o seu amado bate e pede para entrar, mas ela demora e ele vai embora (Ct 5,2-6). Dinâmica de incompreensão entre os dois ou sonho que se muda em terrível pesadelo? O texto prossegue com uma nova busca que tem o sabor de grande prova, não apenas emotiva e afetiva, mas também física, porque a esposa que enfrenta a noite sozinha vem atingida pelos guardas, ferida e privada do seu manto (Ct 5,7). O amor desafia a noite e os seus perigos, é maior do que todo medo: "No amor não há medo. Ao contrário, o perfeito amor lança fora o medo" (1Jo 4,18).

A mulher na busca do esposo age por um conhecimento pessoal do seu sentir. Perscruta a sua intimidade e se descobre "doente de amor" (Ct 1,5; 5,8). Esta doença significa a "alteração" da própria condição, o fato de que em virtude do encontro com o amado se sente irreversivelmente marcada, "alterada", isto é, se torna outra, dedicada, consagrada ao outro que preenche de sentido os seus dias. Tal é a condição de qualquer um que ama verdadeiramente.

Somente quem supera o labor da noite com o nome do amado nos lábios e o seu rosto impresso no coração, certo do vínculo que o une, pode saborear a refrescante alegria do encontro. O fogo do amor põe em relação de fusão os dois enamorados que, unidos pelo inverno da solidão, saboreiam a primavera da comunhão competindo mutuamente para celebrar com paixão e poesia a beleza do outro.

O aprendizado quotidiano da busca

9. *"Faciem tuam, Domine, requiram*: o teu rosto, Senhor, eu busco (Sl 27,8). Peregrino em busca do sentido da vida, envolvido no grande mistério que o circunda, o homem busca de fato, mesmo se muitas vezes inconscientemente, o Rosto do Senhor. 'Faz-me conhecer, Senhor, os teus caminhos, ensina-me as tuas veredas' (Sl 25,4): ninguém poderá jamais retirar do coração da pessoa humana a busca daquele do qual a Bíblia diz 'Ele é tudo' (Eclo 43,27) e dos caminhos para alcançá-lo."[33]

A busca de Deus une todos os homens de boa vontade; mesmo quantos se professam não crentes confessam este anseio profundo do coração.

---

[33] CONGREGAÇÃO PARA OS INSTITUTOS DE VIDA CONSAGRADA E AS SOCIEDADES DE VIDA APOSTÓLICA. Instrução *O serviço da autoridade e a obediência.* Faciem tuam, Domine, requiram (11 de maio de 2008), n. 1.

O Papa Francisco em diversas ocasiões indicou a dimensão contemplativa da vida como o entrar no mistério. "A contemplação é inteligência, coração, joelho."[34] "É capacidade de estupefação, de contemplação; capacidade de escutar o silêncio e ouvir o sussurro de um fio de silêncio sonoro em que Deus nos fala (cf. 1Rs 19,12). Entrar no mistério requer de nós que não tenhamos medo da realidade: não nos fechemos em nós mesmos, não fujamos perante aquilo que não entendemos, não fechemos os olhos diante dos problemas, não os neguemos, não eliminemos as questões... Entrar no mistério significa ir além da comodidade das próprias seguranças, além da preguiça e da indiferença que nos paralisam, e pôr-se à procura da verdade, da beleza e do amor, buscar um sentido não óbvio, uma resposta não banal para as questões que põem em crise a nossa fé, a nossa lealdade e nossa razão."[35]

10. Entrar no mistério comporta uma busca contínua, a necessidade de ir além, de não fechar os olhos, de buscar respostas. O ser humano está continuamente em tensão para uma melhora, continuamente em viagem, em busca. E não falta o risco de viver, narcotizado por emoções fortes, em perene insatisfação. Por isto o nosso é o tempo de naufrágio e de queda, de indiferença e perda de gosto. É indispensável estar conscientes deste incômodo que consome, interceptar

---

[34] FRANCISCO. *Inteligência, coração, contemplação*. Meditação matinal na capela da *Domus Sanctae Marthae* (terça-feira, 22 de outubro de 2013). *L'Osservatore Romano*, ed. quotidiana, anno CLIII, n. 243, Roma (23 ottobre 2013).

[35] Id. *Homilia para a Vigília Pascal na Noite Santa*, Basílica Vaticana (sábado, 4 de abril de 2015).

os sons da alma pós-moderna, e despertar na fragilidade o vigor das raízes, para fazer memória no mundo da vitalidade do Evangelho.

A vida cristã "exige e comporta uma transformação, uma purificação, uma elevação moral e espiritual do homem; isto é, exige a busca, o esforço na direção de uma condição pessoal, um estado interior de sentimentos, de pensamentos, de mentalidade e exterior, de conduta, e uma riqueza de graça e de dons que chamamos perfeição".[36] Correndo para metas de oportunidades, consumos, modas, poderes, vontades, impulsionados por uma coação para repetir, estamos em busca de prazeres novos, jamais apagados: em nossos dias, homens e mulheres, nesta busca do ilusório, chegam ao sabor do desespero que fecha a vida e a apaga.

Santo Agostinho já fazia um diagnóstico, revelando que os homens nem sempre são capazes de fazer o salto de qualidade que os impulsione para ir além, para buscar o infinito, porque "se adaptam àquilo que podem e estão satisfeitos por isso, porque aquilo que não podem não o querem quanto necessário para ser bem-sucedido".[37]

Neste nevoeiro da consciência e dos afetos, a experiência, às vezes trágica, do hoje desperta a necessidade do encontro libertador com o Deus vivo; somos chamados a ser interlocutores sábios e pacientes destes "gemidos inenarrá-

---

[36] BEATO PAULO VI. *Audiência Geral*, Cidade do Vaticano (7 de agosto de 1968).
[37] SANTO AGOSTINHO. *Confissões* X, XXIII, 33.

veis" (cf. Rm 8,26-27) para que não se apague a nostalgia de Deus, acesa sob as cinzas da indiferença.

Em face deste ressurgimento da busca do sagrado, não se pode ignorar como – mesmo entre aqueles que se professam cristãos –, a fé parece reduzida a breves parênteses religiosos, que não tocam os problemas quotidianos. A fé parece estranha à vida. Deus não é necessário, não está dentro da vida quanto o estão a família, os amigos, os afetos queridos, o trabalho, a casa, a economia. Esta estranheza pode tocar também a nossa vida consagrada.

Peregrinos em profundidade

11. "Se o homem é essencialmente um viandante, isto significa que ele está em caminho na direção de uma meta da qual podemos dizer ao mesmo tempo e contraditoriamente que a vê e que não a vê. Mas a inquietude é exatamente como a mola interna deste progredir";[38] mesmo no tempo do poder técnico e dos seus ideais "o homem não pode perder este estímulo sem se tornar imóvel e sem morrer".[39]

É somente Deus aquele que desperta a inquietude e a força da questão, a insônia que está na origem do acordar--se e do partir. É a força motriz do caminho, a inquietude diante das questões levantadas pela vida que impulsiona o homem na peregrinação da busca.

---

[38] MARCEL, G. *Homo viator. Prolégomènes à une métaphysique de l'espérance.* Paris: Aubier, 1944. p. 26.

[39] Ibidem.

Na raiz da vida do cristão existe o movimento fundamental da fé: encaminhar-se em direção a Jesus Cristo para centrar a vida nele. Um êxodo que leva a conhecer a Deus e o seu amor. Uma peregrinação que conhece a meta. Uma mudança radical que de nômades faz peregrinos. O ser peregrinos relembra o movimento, a atividade, o compromisso. O caminho a ser percorrido implica risco, insegurança, abertura à novidade, aos encontros inesperados.

O peregrino não é simplesmente quem se transfere de um lugar para o outro, ele não delega a busca da meta, sabe aonde quer chegar, tem um objetivo que atrai o coração e impulsiona tenazmente o passo. Não nutre apenas uma vaga busca de felicidade, mas olha para um ponto preciso, que conhece ou pelo menos vislumbra, de que tem notícia e para o qual decidiu partir. A meta do cristão é Deus.

Quaerere Deum

12. São Bento, o tenaz buscador de Deus, assegura que o monge não é aquele que encontrou Deus: é aquele que o busca por toda a vida. Na *Regra* pede para examinar as motivações do jovem monge com a finalidade de verificar em primeiro lugar *si revera Deum quaerit*, "se procura verdadeiramente a Deus".[40]

Este é o paradigma da vida de todo cristão, de toda pessoa consagrada: a busca de Deus, *si revera Deum quaerit*. A palavra latina *quaerere* não significa unicamente buscar, ir em busca de alguma coisa, trabalhar duro para

---

[40] SÃO BENTO. *Regra* 58,7.

conseguir, mas também pedir, colocar uma questão. O ser humano é aquele que pede e busca incessantemente. Buscar a Deus, então, significa não cansar-se jamais de pedir, como a esposa do *Cântico*: "Acaso vistes, vós, o amado de minha alma?" (Ct 3,3).

O *fil rouge* na narrativa do *Cântico* é representado exatamente pelo tema da busca amorosa, da presença saboreada depois da amargura da ausência, pela aurora acolhida depois da noite, pelo esquecimento de si, vivido como condição para encontrar o Outro.

O primeiro grau do amor é aquele do amor que busca. O desejo e a busca são as experiências dominantes, e o outro é percebido como a ausente Presença. Os esposos do *Cântico* se apresentam como mendicantes de amor, buscadores ardentes do amado.

Buscar a Deus significa pôr-se em relação com ele e permitir que tal presença interrogue a nossa humanidade. Isto significa não estar jamais satisfeitos por aquilo que alcançamos. Deus nos pergunta incessantemente: "Onde estás?" (Gn 3,9). A busca de Deus exige humildade: a nossa verdade é revelada pela luz do Espírito e nela reconhecemos que é Deus a buscar-nos primeiro.

"O coração inquieto, de que falamos inspirando-nos em Santo Agostinho, é o coração que, em última análise, não se satisfaz com nada menos do que Deus, e é precisamente assim que se torna um coração que ama... Mas não somos só nós, seres humanos, que vivemos inquietos relativamente a Deus. Também o coração de Deus vive inquieto relativamente ao homem. Deus espera-nos. Anda à nossa procura. Também ele não descansa enquanto não nos tiver encontrado. O coração de Deus vive inquieto, e foi por isso que se pôs a caminho até junto de nós... Deus vive inquieto conosco, anda à procura de pessoas que se deixem contagiar por esta sua inquietação, pela sua paixão por nós; pessoas que vivem a busca que habita no seu coração e, ao mesmo tempo, se deixam tocar no coração pela busca de Deus a nosso respeito."[41]

A razão da nossa busca reconduz ao amor que por primeiro nos buscou e tocou, enquanto reconhece o seu zelo. Pode acontecer que a renúncia a buscar faça calar em nós a voz que chama à execução. Pode acontecer de pararmos de gozar dos esplendores que deslumbram, apagados pelo pão que sacia a fome de um dia, repetindo em nós a escolha inicial do "filho pródigo" (cf. Lc 15,11-32).

Pode acontecer que o horizonte se estreite, enquanto o coração não esperar mais *aquele que vem*. Mas Deus vem sempre até que o primado do amor não se estabeleça na nossa vida. Retorna a dinâmica do *Cântico*, o jogo da busca: não podemos imaginar encontrar a Deus de uma vez por todas.

A busca na noite

13. "Em meu leito, durante a noite, procurei o amado de minha alma. Procurei-o, e não o encontrei" (Ct 3,1). A

---

[41] BENTO XVI. *Homilia por ocasião da solenidade da Epifania do Senhor*, Basílica Vaticana (6 de janeiro de 2012).

leitura do *Cântico* envolve no idílico de um amor de sonho, enquanto introduz o sofrimento recorrente e vivo da alma enamorada. O amor, experiência que transforma o encontro efêmero e breve, chama a viver a possibilidade da ausência do amado e às vezes o exílio, a ruptura, a separação. Dessa possibilidade nasce a espera, a busca recíproca e constante. Um grito da alma jamais satisfeito. O *Cântico* nos põe diante de um tempo de crise, de confronto, o momento em que se reconhece e aceita depois do fogo e da paixão dos inícios. É o momento de amar de modo diverso. A distância se faz busca, enquanto a nostalgia que destrói e fere se torna alimento necessário ao amor.

O desejo

14. O amor por Deus mantém necessariamente esta linha de desejo. Deus é invisível, está sempre acima de tudo, a nossa busca dele não é jamais completada, a sua é uma presença vaga, "Deus é aquele que busca e conjuntamente aquele que se faz buscar. E aquele que se revela e conjuntamente aquele que se esconde. É aquele para o qual valem as palavras do Salmo: *Tua face, Senhor, eu busco* (Sl 27,8). E muitas outras palavras da Bíblia, como aquela da esposa do *Cântico*: *Em meu leito, durante a noite, procurei o amado de minha alma. Procurei-o, e não o encontrei. Vou, pois, levantar-me e percorrer a cidade, pelas ruas e pelas praças, procurando o amado de minha alma. Procurei-o, e não o encontrei* (3,1-3). [...] Solicitados pelas palavras do *Cântico procurei-o, e não o encontrei*, pomo-nos o problema do ateísmo, ou melhor, da ignorância sobre Deus. Nenhum de nós está imune dessa experiência: existe em

nós um potencial ateu que grita e sussurra cada dia as suas dificuldades para crer".[42]

"*Se comprehendis, non est Deus,*"[43] escreve Santo Agostinho: isto é, "se pensas tê-lo compreendido, não é mais Deus". A categoria da busca salvaguarda a distância entre a criatura em busca e o Criador: distância essencial porque o buscado não é objeto, mas é também ele sujeito, ou melhor, é o verdadeiro sujeito, enquanto é aquele que por primeiro buscou, chamou, amou, suscitando o desejo do nosso coração.

A nossa busca é chamado à humildade porque reconhecemos em nós mesmos os "potenciais ateus", experimentando a dificuldade de crer, reconhecemos em nós aquela soberba autossuficiente, e às vezes arrogante, que nos separa dos outros e nos condena. Buscar Deus requer atravessar a noite e também ficar lá por longo tempo. Exige descobrir a força e a beleza de um caminho de fé que saiba parar diante da obscuridade da dúvida, sem a pretensão de oferecer soluções a todo custo. A fé vivida nos permitirá também testemunhar Cristo com a linguagem humilde de quem aprendeu a habitar a noite e a viver as questões dela.

A noite na Escritura é o tempo do labor, luta interior e combate espiritual, como acontece com Jacó no Jaboc (Gn 32,25). É noite quando Nicodemos se aproxima de Jesus, escondido por medo dos judeus (Jo 3,2); é noite quando Judas

---

[42] MARTINI, C. M. La tentazione dell'ateismo. In: *Il Corriere della Sera*, 16 novembre 2007.

[43] SANTO AGOSTINHO. *Sermão* 52,16.

se perde e se subtrai à amizade vital com Cristo saindo do cenáculo (Jo 13,30); é noite ainda quando Maria Madalena se dirige ao sepulcro (Jo 20,1) e sabe reconhecer a voz do Amado (cf. Jo 20,11-18), como a esposa do *Cântico* (Ct 2,8). A noite é um tempo de desejo que se muda em encontro quando se o atravessa sem duvidar do amor.

A fé humilde aceita que a passagem obscura em direção à aurora não signifique passagem da busca à posse, mas conduza pela divisão que dispersa o espírito à experiência unificante do Ressuscitado. A vida adquire direção, sentido, enquanto, dia após dia, oração após oração, provação após provação, se cumpre a peregrinação em direção à resposta definitiva, para o repouso e à quietude, para a paz da alma.

Em nosso tempo, marcado pela fragilidade e insegurança, a contemplação poderia ser buscada sem enraizamentos na fé, unicamente como "lugar" de quietude, de repouso, como espaço emotivo, como satisfação de uma busca de si, que evita empenho e sofrimento. A Palavra de Deus, a leitura de algumas experiências de santidade, atravessadas pela dor ou pela "noite da fé", nos ajudam a evitar a tensão de evadir da dureza do caminho humano.

A esperança

15. A noite, símbolo obscuro e sombrio, se torna imagem cheia de esperança dentro da espiritualidade bíblica e cristã. A história do Espírito é moldada na noite que prepara o dia radiante e esplêndido, o dia da luz. A passagem através da noite obscura é marcada pela dissipação das seguranças para nascer a vida nova. Chega-se à luz através das trevas, à

vida através da morte, ao dia através da noite: isto requer a vida de fé. Um tempo em que a pessoa é convidada a morar em Deus. É o tempo em que aqueles que estão em busca são convidados a passar da experiência do ser amados por Deus àquela de amar Deus simplesmente porque é Deus.

São João da Cruz definiu *noite escura* a experiência espiritual em que se alternam perda, aridez, impotência, dor e desespero; uma noite do espírito e dos sentidos, uma passagem em direção à perfeita união de amor com Deus. Teresa d'Ávila, em sua plena atividade de reforma do Carmelo, assim narra: "Então", narra na *Vida*, "esquecia-me as graças recebidas das quais permaneciam somente uma recordação como de um sonho distante que aumentava a minha dor. A inteligência se ofuscava e eu me encontrava envolvida em mil dúvidas e ansiedades. Parecia-me não saber entender bem aquilo que acontecia em mim, duvidava que não se tratasse de nada mais que minha imaginação. E então pensava: por que levar ao engano também os outros? Não era talvez suficiente que somente eu fosse enganada? E, no entanto, se tornava assim péssima aos meus olhos para crer que todos os males e as heresias que desolavam o mundo fossem um efeito dos meus pecados".[44]

Numerosos são os exemplos, de Francisco de Assis a Teresa de Lisieux, de Gema Galgani a Bernadete de Soubirous, de Padre Pio de Pietrelcina a Teresa de Calcutá, que escreve: "Existe tanta contradição na minha alma, um profundo anseio por Deus, tão profundo até fazer mal, um

---

[44] SANTA TERESA D'ÁVILA. *Vita*, 30, 8.

sofrimento contínuo – e com isto o sentimento de não ser querida por Deus, rejeitada, vazia, sem fé, sem amor, sem zelo. O céu não significa nada para mim, parece-me um lugar vazio".[45] A treva se torna o lugar do amor provado pela fidelidade e pela misteriosa proximidade de Deus.

O vere beata nox, "Ó noite mais amável que a aurora"[46] cantamos na noite de Páscoa, e anunciamos a ressurreição e a vitória. A noite se torna tempo de caminho para a vinda do Esposo que une a si e no abraço transforma a alma, como canta o místico espanhol:

"Noite que me guiaste,

ó noite mais do que a aurora complacente!

Ó noite que reuniste

o Amado com a amada,

a amada no Amado transformada!".[47]

---

[45] BEATA TERESA DE CALCUTÁ. Vieni e sii la mia luce. A cura di B. Kolodiejchuk. Milano: BUR, 2009.

[46] *MISSAL ROMANO*. Precônio Pascal.

[47] SÃO JOÃO DA CRUZ. *Poesias*, V, A noite escura, 5-8.

HABITAR

> "O meu amado é todo meu
> e eu sou dele."
> (Ct 2,16)

Na escuta

16. O *Cântico* se desenrola, sobre o eixo da busca e do encontro, em uma harmoniosa epifania de encontro e de contemplação recíproca segundo um *registro* linguístico bem preciso: aquele do *louvor*. O louvor envolve todo o corpo, lugar concreto de relação com o outro: lábios, dentes, faces, pescoço, cabelos, seios, mãos, pernas e especialmente os olhos, que lançam sinais de amor de modo semelhante às pombas (Ct 1,15; 4,1; 5,12).

A plenitude do coração se exprime através da linguagem celebrativa dos corpos. O elogio da beleza do corpo é lido através da linguagem da natureza, das construções, da arte de ourives, das emoções. O universo conflui no corpo de quem se ama e a pessoa amada parece presente no universo. A palavra se consagra ao amor e aparece a linguagem da comunhão. O amor se torna um diálogo contínuo e vivaz que colhe a beleza e a celebra. O louvor do esposo: "Como és bela, minha amada, como és bela!" (Ct 1,15), é seguido por aquele da esposa: "Como és belo, meu amado, como és encantador!" (Ct 1,16). Estas palavras "bem-ditas" sanam as feridas infligidas pela linguagem da acusação, evidentes nas relações entre o homem e a mulher depois do pecado original (cf. Gn 3,12), e permitem a recuperação da igualdade, da reciprocidade e da mútua pertença: "O meu amado é todo meu e eu sou dele" (Ct 2,16), "Eu sou para o meu amado e meu amado é para mim" (Ct 6,3), "eu sou para meu amado e seu desejo é para mim" (Ct 7,11), expressão que parece pôr fim à punição divina expressa no livro do Gênesis (3,16). A linguagem do elogio e dos cumprimentos procura uma harmonia relacional que se reflete também no criado que jamais se separou das situações humanas (cf. Rm 8,22-23) e se sintoniza com o coração humano em festa através de uma profusão de cores, de perfumes, de sabores e de sons.

Até mesmo Deus, fascinado pela sua criatura, reveste-a de cumprimentos, como faz com Maria quando a saúda com o cumprimento de "cheia de graça" (*kecharitoméne*, Lc 1,28), proclamando-a assim obra-prima de beleza. A criatura responde com o *Magnificat* (Lc 1,46-55) colocando na história o poder do louvor que dilata o coração humano e o introduz em uma relação autêntica com Deus.

17. A palavra que desabrocha para liberar o amor tende ao contato, à união. O *Cântico* se abre nas melodias do pedido que floresce nos lábios da esposa, protagonista principal do drama, e manifesta o desejo do contato com o amado, fisicamente ausente, mas presente no coração e nos pensamentos. A boca dele se torna uma fonte a qual alcançar para saciar a sede e inebriar-se: "Que ele me beije com os beijos de sua boca! São melhores que o vinho teus

amores, como a fragrância dos teus refinados perfumes. Como perfume derramado é o teu nome, por isso as adolescentes enamoram-se de ti" (Ct 1,2-3). Os beijos e a ternura do Esposo (*dodîm*) são qualificados como *tôbîn*, "bons", isto é, apresentam a qualidade constitutiva de tudo aquilo que saiu das mãos do Criador (cf. Gn 1,4), conforme o desígnio divino originário. Eles representam uma *liturgia de comunhão*, um acesso à respiração do outro, uma alegria superior à embriaguez que comunica o vinho: "exultemos e alegremo-nos contigo, celebrando teus amores, melhores que o vinho" (Ct 1,4). Ao amado não se pode resistir, porque o amor é uma realidade invencível e forte a ponto de comparar-se apenas à "morte" (Ct 8,6), é uma realidade da inacreditável força atrativa que leva os dois a ser um.

18. Isto vale seja para a vida conjugal (cf. Gn 2,24), seja para a vida consagrada que vive, de modo análogo, o dinamismo do amor esponsal com Cristo (cf. 1Cor 6,17). Ela na verdade floresce dentro do amor esponsal com que fascina, intercepta os desejos mais profundos, toca as fontes, solicita o desejo do dom. Nasce como resposta do amor a um Deus que se doa sem reservas, resposta a um amor gratuito que não se possui, mas se recebe. "Tal amor abrange a pessoa toda, alma e corpo, seja homem ou mulher, com o seu único e irrepetível 'eu' pessoal. Aquele que, doado eternamente ao Pai, 'se dá' a si próprio no mistério de Redenção, eis que chama o homem, a fim de que este, por sua vez, se dê inteiramente a um serviço particular da obra

da Redenção, mediante a agregação a uma Comunidade fraterna, reconhecida e aprovada pela Igreja."[48]

Tal dinâmica de busca e de reunificação é um percurso jamais cumprido em plenitude. A pessoa chamada se abre ao caminho da conversão e da oração na qual habitar. Nela o desejo se torna transformação e purificação, louvor e forma na Beleza que atrai e une, mistério em que habitar. "Este conhecimento de Cristo, ardente e profundo, como vós sabeis, exercita-se e aprofunda-se cada dia mais, por meio da vida de oração pessoal, comunitária e litúrgica."[49]

Na forma da beleza

19. No coração da identidade cristã, qual força que plasma a sua forma, está a revelação de Deus, como criação e salvação, esplendor que apareceu uma vez para sempre em Cristo e na sua páscoa. No Filho e na sua história terrena Deus realiza a intenção de fazer-se conhecer e de revelar a criatura a si mesma: "Somos assinalados por Deus no Espírito. Como, na verdade, morremos em Cristo para renascer, assim também somos assinalados pelo Espírito para poder levar o esplendor, a imagem e a graça".[50] Ressoa o reconhecimento recíproco das origens. Deus exprime à criatura humana a sua complacência: "Viu tudo quanto havia feito, e era muito bom" (Gn 1,31). Liga-a a si com um

---

[48] SÃO JOÃO PAULO II. Exortação Apostólica *Redemptionis Donum* (25 de março de 1984), n. 3.

[49] Ibidem, n. 8.

[50] SANTO AMBRÓSIO. *Lo Spirito Santo*, I, 6, 79.

amor que, enquanto reconhece, restitui a beleza: "Como és bela, minha amada, como és bela" (Ct 1,15); amor absoluto e inextinguível: "Eu sou para meu amado e seu desejo é para mim" (Ct 7,11).

Detenhamos o nosso olhar contemplativo sobre o mistério da Beleza da qual somos forma. A tradição do Ocidente e a do Oriente nos introduzem e nos iluminam sobre a forma cristã da beleza, a sua unicidade, o significado último. Na comovente exclamação das *Confissões*: "Tarde te amei, beleza tão antiga e tão nova!",[51] reencontramos o grito da alma humana de todo tempo. Ressoa a necessidade de um caminho que conduza da beleza à Beleza, do penúltimo ao Último, para reencontrar o sentido e a medida de tudo aquilo que existe no fundamento de toda beleza: "Eis que habitavas dentro de mim e eu te procurava fora! Eu, disforme, lançava-me sobre as belas formas das tuas criaturas. Estavas comigo, mas eu não estava contigo. Retinham-me longe de ti as tuas criaturas [...]. Tu me chamaste, e teu grito rompeu a minha surdez; fulguraste e brilhaste e tua luz afugentou minha cegueira".[52]

20. A Igreja, no canto das Vésperas do tempo quaresmal e da Semana Santa, introduz o Salmo 45 com dois textos da Escritura que parecem contrapostos. A primeira chave interpretativa reconhece Cristo como o mais belo entre os homens: "Tu és o mais belo dos homens, nos teus lábios se espalha a graça" (Sl 45). A graça difusa sobre os

---

[51] SANTO AGOSTINHO. *Confissões*, X, 27, 38.
[52] Ibidem.

seus lábios indica a beleza interior da sua Palavra, a glória da Verdade, a beleza de Deus que nos atrai a si e nos dá a ferida do Amor. Na Igreja Esposa, nos faz avançar na direção do Amor que imprimiu em nós a sua forma. Vivemos na forma da beleza, não como nostalgia estética, mas primeira referência à verdade que nos habita: "o teu brilho será o teu Deus" (Is 60,19; cf. 8,2).

O segundo texto da Escritura nos convida a ler o mesmo Salmo com uma chave interpretativa diversa, referindo-o a Isaías: "Não fazia vista, nem tinha beleza a atrair o olhar, não tinha aparência que agradasse" (Is 53,2). Como isto se concilia? O *mais belo entre os homens* é miserável de aspecto, tanto que não se quer olhá-lo. Pilatos o apresenta à multidão dizendo: *Ecce homo* (Jo 19,5), para suscitar piedade pelo homem desfigurado e agredido. Homem sem rosto.

21. "Um Jesus feio e disforme? Um Jesus belo e gracioso mais que todo outro homem? Sim, o dizem duas trombetas que soam de modo diverso, mas com um mesmo Espírito soprado dentro. A primeira trombeta diz: *Belo de rosto mais do que os filhos dos homens*; e a segunda, com Isaías, diz: *Nós o vimos: ele não tinha beleza, sem ornamento...* Não renunciar a ouvir ambas, busca ao invés escutá-las e compreendê-las."[53] Santo Agostinho compõe as contraposições – não contradições – manifestando o esplendor da verdadeira Beleza, a mesma Verdade. Quem crê no Deus que se manifestou como amor "até o fim" (Jo

---

[53] SANTO AGOSTINHO. *Comentário à Primeira Carta de João*, 9,9.

13,1) no corpo martirizado de Cristo crucificado sabe que a beleza é verdade e a verdade é beleza. No Cristo sofredor, todavia, ele aprende também que a beleza da verdade compreende ofensa, dor até o obscuro mistério da morte. Na aceitação da dor, não em ignorá-la, pode acontecer o nosso encontro com a Beleza, mesmo quando olhos frágeis ou um coração ferido pelo mal são capazes de colher a sua trama misteriosa e fecunda.[54]

22. É o Verbo encarnado a via da Beleza última: "A nossa vida desceu aqui embaixo; foi tomada a nossa morte, foi morta na superabundância da vida. Partiu-se dos nossos olhos a fim de que reentrássemos em nós mesmos e ali o encontrássemos".[55] O Verbo Jesus nos conduz à fonte da beleza, nos atrai com vínculos de amor: "Como és belo, meu amado, como és encantador!" (Ct 1,16). A beleza percorre um segundo movimento: o amor de resposta. Ele se move, para encontrar, para contemplar; empreender a viagem, suscitada pelo amor vindo a nós como graça e liberdade.

Somos convidados ao caminho para o encontro e a morada nele, enquanto Deus nos restitui a bela identidade: "Quando Moisés desceu da montanha do Sinai [...] não sabia que a pele de seu rosto resplandecia por ter falado com o Senhor" (Ex 34,29).

23. A tradição mística guarda a beleza no silêncio, não pretende violá-la. A via da beleza requer exílio, retiro,

---

[54] Cf. RATZINGER, J. La corrispondenza del cuore nell'incontro con la Belezza. *30 giorni*, n. 9, settembre 2002, p. 87.

[55] SANTO AGOSTINHO. *Confissões*, IV, 12, 18.

tensão que unifica. É a linha que liga a teologia monástica ao grande florescimento da mística entre a Idade Média tardia e a aurora da Idade Moderna.

Ressoa a voz do Pseudo-Dionísio, o Areopagita: "Também em Deus o *eros* é estático, enquanto não permite que os amantes pertençam a si mesmos, mas somente ao amado... Por isso também Paulo, o grande, todo tomado pelo eros divino e se tornado partícipe da sua força estática, grita com voz inspirada: 'Não sou mais eu que vivo, é Cristo que vive em mim'. Ele fala como um verdadeiro amante, como um que, segundo as suas próprias palavras, saiu estaticamente de si para entrar em Deus e não vive mais de vida própria, mas daquela do amado infinitamente amado".[56] A divinização começa já na terra, a criatura é transfigurada e o Reino de Deus é inaugurado: o esplendor de Deus na forma eclesial do *ordo amori* queima no humano como existência e novo estilo de vida. "Minha vida atual na carne, eu a vivo na fé, crendo no Filho de Deus, que me amou e se entregou por mim" (Gl 2,20).

24. A beleza está em êxtase. Não a alcança senão quem se perde, quem aceita cumprir uma viagem interior que paradoxalmente conduz para fora do próprio eu no movimento de amor. "O meu amado é todo meu e eu sou dele" (Ct 2,16); "Eu sou para o meu amado e meu amado é para mim" (Ct 6,3). A experiência que nos relaciona ao Senhor, desejada e buscada, se torna lugar teologal em que a alma reconhece a si mesma e encontra a morada:

---

[56] PSEUDO-DIONÍSIO, O AREOPAGITA. *De divinis nominibus*, 4,13.

"Meu Deus, eu vos contemplo no céu da minha alma, e me afundo em vós".[57] Neste abismo onde toda coisa se resolve em unidade e paz, misterioso e silencioso habita Deus, o indizível, o Outro: "Deus, do qual tudo é belo e sem o qual nada pode ser belo".[58]

Santa Maria Madalena de Pazzi narra a experiência mística em que conhece o esplendor de Deus e da criatura vista em Deus: a alma, unida ao Verbo *passus et gloriosus*, percebe o enxerto do humano no divino, absorvido na vida trinitária, regressa à ordem do amor.[59]

A beleza que fere

25. A beleza chama ao êxtase, enquanto a sua ação de amor abre em nós a possibilidade de consciência, de caminho, de vulnerabilidade conhecida e acolhida.

A beleza afeta a pessoa humana, fere-a e, exatamente de tal modo, põe-na nas asas, a eleva para o alto com um desejo tão potente a ponto de aspirar mais de quanto ao homem seja conveniente aspirar. "Estes homens foram atingidos pelo próprio Espírito; ele mesmo enviou aos seus olhos um raio ardente da sua beleza. A amplitude da ferida revela já qual seja o dardo que a intensidade do desejo deixa

---

[57] BEATA ELIAS DE SÃO CLEMENTE. *Scritti.* Roma: OCD, 2006. p. 431.

[58] Cf. ACARDO DE SÃO VÍTOR. *De unitate Dei et pluralitate creaturarum*, 1, 6.

[59] SANTA MARIA MADALENA DE PAZZI. I colloqui, parte seconda. In: *Tutte le opere.* Florença: CIL, 1963. v. 3, p. 226.

intuir quem seja aquele que atirou o dardo."[60] Assim Nicolas Cabasilas se refere à beleza que fere, e nela reconhece seja a presença de Cristo, seja a *vulnerabilidade* que em nós grita como desejo de completude. Ferida que nos lembra o nosso destino último e a nossa missão. O Papa Francisco nos recorda: "Qualquer um que queira pregar, deve antes estar disposto a deixar-se comover pela Palavra e a fazê-la tornar-se carne na sua existência concreta [...]; deve aceitar ser ferido antes por aquela Palavra que ferirá os outros".[61]

26. No caminho que nos conforma ao Filho somos convidados a tomar consciência da possível deformação da imagem originária que vive em nós e da vocação a renascer do alto. Tal consciência é vivida no quotidiano, assumindo o risco de um olhar exigente que não se contenta com uma visão restrita, mas treina-se para ver e manifestar a graciosidade da forma cristã. Vem-nos pedido para treinar o olhar, para torná-lo simples, purificado, penetrante. Busca cotidiana para habitar no encontro, para reconhecer os hábitos que podem falseá-lo; as preguiças que nos podem tornar surdos: "É a voz do meu amado a bater: Abre-me, ó minha irmã e amada..." (Ct 5,2).

A luz do Espírito vem para tocar-nos de infindos modos e a sua visita abre em nós uma ferida, situando--nos em estado de passagem. Facilita-nos a fazer nossas

---

[60] CABASILAS, N. *La vita in Cristo*. Roma: Città Nuova, 1994. In: RATZINGER, J. La corrispondenza del cuore nell'incontro con la Belezza. *30 giorni*, n. 9, settembre 2002, p. 87.

[61] FRANCISCO. Exortação Apostólica *Evangelii Gaudium* (EG) (24 de novembro de 2013), n. 150.

as exigências e os modos do Amado. Ela faz desmoronar as nossas seguranças. Não é fácil morar entre os detritos daquilo que a graça demoliu. A tentação nos impulsiona a reconstruir, a agir. Nós, consagrados e consagradas, às vezes encontramos no ativismo missionário o bálsamo que alivia a ferida criada em nós pela graça. Podemos ver os passos a realizar, mas os tememos: "Tirei minha túnica; vou vesti-la de novo? Lavei meus pés; vou tornar a sujá-los?" (Ct 5,3). É necessário viver a ferida, habitar na conversão.

27. O Espírito nos faz estar em conversão (*metanoeìn* = *shub*), nos derruba. O termo *metanoeìn* sublinha a inversão que em nós vem provocando o *noùs*, isto é, o fundo espiritual, o coração mais profundo. Habitar na conversão é atitude contemplativa, surpresa que se renova todo dia e não conhece fim em Cristo Jesus.

Estranhos à conversão, tornamo-nos estranhos ao amor. Para nós, consagrados e consagradas, ressoa o convite à humildade que reconhece que sozinhos não poderemos viver na conversão. Ela não é fruto de bons propósitos, é o primeiro passo do amor: "É a voz do meu amado!" (Ct 2,8).

Pode acontecer que imersos no fluxo da ação paremos de invocar (Lm 5,21; cf. Jr 31,18) e de escutar a voz que convida: "Levanta-te, minha amada, minha rola, minha bela, e vem!" (Ct 2,10). Os nossos paradigmas de referência – pensamentos, tempos de oração, decisões, ações – não têm mais o sabor da espera, do desejo, da nova escuta. Tomam lugar em nós outras referências e outras necessidades, não referidas a Cristo e à conformação a ele. O episódio dos filhos de Zebedeu narrado em Mateus (20,17-28) é emblemático. Mostra os dois discípulos cobertos por uma sombra de sutil mesquinhez, embora querendo estar próximos de Jesus. Seguiam, como nós, o Mestre, mas o coração deles estava endurecido. Com um processo lento, às vezes despercebido, o coração resseca, não consegue ler de modo sapiencial, se estabiliza e encolhe, perdendo o olhar que contempla. Não é a dureza do coração do ateu, é a dureza frequente do coração dos apóstolos, como observa Marcos, que é repreendida por Jesus: "Vosso coração continua endurecido? Tendo olhos, não enxergais, e tendo ouvidos, não ouvis?" (Mc 8,17-18).

Também nós, que seguimos Jesus segundo a forma do Evangelho, estamos sujeitos a este progressivo murchar-se do coração. Formalmente fiéis, reemergem em nós interesses, raciocínios, valores mundanos. Apaga-se a contemplação, envelhece a beleza.

28. O Papa Francisco continuamente denuncia a atitude de vida que ele define como mundanismo: "Despojar-se de qualquer mundanismo espiritual, que é uma tentação para todos; despojar-se de qualquer ação que não é para Deus [...] despojar-se da tranquilidade aparente que as estruturas oferecem, certamente necessárias e importantes, mas que nunca devem obscurecer a única verdadeira força que tem em si: Deus. Ele é a nossa força! Despojar-se do que não é essencial, porque a referência é Cristo".[62] Na *Evangelii Gaudium* adverte: "O mundanismo espiritual,

---

[62] Id. *Discurso por ocasião do encontro com os pobres assistidos pela* Caritas, Assis (4 de outubro de 2013).

que se esconde por detrás de aparências de religiosidade e até mesmo de amor à Igreja, é buscar, em vez da glória do Senhor, a glória humana e o bem-estar pessoal. É aquilo que o Senhor censurava nos fariseus: *Como podereis acreditar, vós que recebeis glória uns dos outros e não buscais a glória que vem do Deus único?* (Jo 5,44). É uma maneira sutil de procurar *os seus próprios interesses e não os de Jesus Cristo* (Fl 2,21)".[63]

29. O caminho espiritual não conhece nenhum avanço se não se abre à ação do Espírito de Deus mediante a fadiga da ascese e, especialmente, do combate espiritual. "Nosso Senhor acrescenta que o caminho da perfeição é estreito. Com esta expressão ele quer ensinar-nos como a alma que deseja avançar neste caminho deve não apenas entrar pela porta estreita livrando-se dos bens sensíveis, mas também restringir-se, expropriando-se e livrando-se completamente também daqueles bens espirituais [...] Já que se trata de um empenho em que se busca e se ganha apenas Deus, Deus apenas se deve buscar e ganhar."[64] É necessário abrir a porta e sair, pedir para encontrar, sem temor de agressões: "[...] procurei-o e não o encontrei, chamei-o, e não me respondeu... bateram em mim e me feriram, arrancaram-me o manto as sentinelas das muralhas" (Ct 5,6-7).

Ressoa o chamado constante: "A vocação das pessoas consagradas a buscar antes de tudo o Reino de Deus é, antes

---

[63] EG, n. 93; cf. n. 93-97.
[64] SÃO JOÃO DA CRUZ. *Subida do Monte Carmelo*, 2, 7, 3.

de qualquer coisa, um chamado à conversão plena, na renúncia a si mesmo para viver totalmente do Senhor, a fim de que Deus seja tudo em todos. Chamados a contemplar e testemunhar o Rosto transfigurado de Cristo, os consagrados são também chamados a uma existência transfigurada".[65] O coração conhece a ferida e a vive, enquanto o Espírito no profundo de nós nos abre à oração contemplativa.

A beleza que recria

30. A oração se situa entre a nossa fragilidade e o Espírito. Brota do profundo do humano – anseio, busca, exercício, caminho – como por uma ferida dada por graça. Como fonte de água viva transporta, impulsiona, escava, "brota" (cf. Jo 4,10), faz florir. A oração é um nascimento interior: tornamo-nos conscientes de uma vida presente em nós, que germina e cresce no silêncio. Para os místicos rezar significa perceber a nossa realidade mais profunda, o ponto no qual alcançamos a Deus, onde Deus nos toca enquanto nos recria: lugar sagrado do encontro. Lugar da vida nova: "O inverno passou... Aparecem as flores no campo... A figueira produz seus primeiros figos, soltam perfume as vinhas em flor" (Ct 2,11a.12a.13a). A este lugar é necessário dirigir-se com a vontade e a fidelidade de quem ama: "Mostra-me, ó amor de minha alma, onde pastoreias, onde repousas ao meio-dia, para que eu não comece a vaguear atrás dos rebanhos de teus companheiros" (Ct 1,7). No afresco da Criação – que admiramos na Capela Sistina

---

[65] SÃO JOÃO PAULO II. Exortação Apostólica Pós-Sinodal *Vita Consecrata* (VC) (25 de março de 1996), n. 35.

– Michelangelo Buonarroti nos faz contemplar o dedo do Pai que toca o dedo de Adão para sugerir um mistério. A comunhão iniciada não terá fim.

31. A contemplação orante é selo do Amado: pura graça em nós. A única atitude é a espera como grito. A linguagem bíblica e a dos Padres utilizavam o verbo *hypoménein* e o substantivo *hypomoné*: estar sob, agachar-se e estar parado, esperando que nos aconteça alguma coisa. A invocação de ajuda: "Do abismo profundo clamo a ti, Senhor" (Sl 130,1) ousa exprimir diante do Rosto de Deus o meu desespero, o meu desejo de contemplar o Rosto com um grito. Os monges começaram a usar o nome de Jesus como súplica: "Jesus, ajuda-me! Jesus, Salva-me! Jesus, misericórdia!". A alma fixa a tenda e habita no Nome, mora no amor. Contempla.

32. A oração nos reconduz, assim, ao centro do nosso ser, nos entrega a Jesus, enquanto cura o nosso eu, restaura a nossa unidade: "O divino Mestre está no fundo da nossa alma assim como no fundo da barca de Pedro... Às vezes parece que dorme, mas está sempre ali, pronto para salvar-nos, pronto para escutar o nosso pedido".[66]

São João da Cruz canta: "Que mais queres, ó alma, e que mais buscas fora de ti, se tens dentro de ti tuas riquezas, teus deleites, tua satisfação, tua fartura e teu reino, ou seja, o teu Amado que a tua alma tanto deseja e procura? E, já que o tens tão perto, goza e alegra-te com ele no teu recolhimento

---

[66] BEATO CHARLES DE FOUCAULD. *Opere spiritual.* Roma: San Paolo Edizioni, 1997. p. 144.

interior. Aí o deseja e adora, e não o procures fora de ti, porque, além de te distraíres e cansares, não o encontrarás nem possuirás com tanta certeza, nem tão depressa, nem mais perto, do que dentro de ti!".[67] A tradição bizantina usa uma expressão figurada: a mente (*noûs*) desce no coração. A inteligência abandona as próprias elucubrações e se une ao coração que evoca: "Guarda-me como o sinete sobre teu coração, como o sinete, sobre teu braço! Porque o amor é forte como a morte e é cruel, como o Abismo, o ciúme: suas chamas são chamas de fogo, labaredas divinas" (Ct 8,6). O ser todo inteiro entra na vida de Deus, é curado, integrado à ação do Espírito: o Amor lhe restitui a beleza. A contemplação se torna ferida do Amado que nos recria, presença que nos habita:

"Ó Chama de amor viva

que ternamente feres

de minha alma no mais profundo centro!

Pois não és mais esquiva,

Acaba já, se queres,

Ah! Rompe a tela deste doce encontro."[68]

No exercício da verdade

33. A beleza é "esplendor da verdade", "florescimento e exercício do ser", afirma a filosofia antiga retomada por

---

[67] SÃO JOÃO DA CRUZ. *Cântico espiritual* B, estrofe I, 8.
[68] Id. *Chama de amor viva* B, Prólogo 4.

Santo Tomás, ou seja, é manifestação da realidade da vida que cada um leva ao seu interior: o verdadeiro. O mistério do ser se apresenta à nossa consciência como beleza que gera espanto, maravilha. Não nos impressiona o compreensível, mas aquilo que vai além da nossa compreensão; não o aspecto quantitativo da natureza, mas a sua qualidade; não aquilo que se estende para além do tempo e do espaço, mas sim o significado verdadeiro, a origem e o término da existência: em outras palavras, o inefável.[69] É a vida que resplandece, se manifesta, transborda, não obstante os véus pelos quais vem escondida e guardada. Para intuir o inefável e colher a sua essência é necessário que o nosso coração habite no mistério, e ao mesmo tempo habite na história com estilo contemplativo.

Chamamos "consagrada" a nossa vida e nos perguntamos se este adjetivo não tenha perdido o esmalte vivo do mistério que a habita e nela se manifesta como forma quotidiana. A nossa vida consagrada na verdade exprime um estilo, um modo de habitar o mundo: tem uma tarefa conjuntamente heurística (encontra, descobre, torna visível) e hermenêutica (interpreta, explica, faz entender).

A santidade que acolhe

34. A tradição cristã toma consciência da sua particularidade – do seu estilo, da sua forma – descobrindo em si a capacidade de assumir as condições impostas pela história e pelas culturas, na inteligência da fé que a origina.

---

[69] Cf. HESCHEL, A. J. *L'uomo alla ricerca di Dio*. Comunità di Bose:Edizione Qiqajon, 1995.

A unidade que ocorre entre a missão de Cristo e a sua vida se encarna no estilo, na forma cristã em todas as horas da história.

Contemplamos o estilo de Cristo. Ele exprime a singular capacidade de Jesus de morar no Pai na caridade do Espírito, enquanto aprende de todo indivíduo e de todas as situações (cf. Mc 1,20s; 5,30; 7,27-29). Esta atitude não é sinal de fraqueza, mas de autoridade, força, santidade. Ele é luminoso porque nele oração, pensamento, palavras, ações concordam e manifestam a simplicidade e a unidade do seu ser. O seu esplendor de Filho do Pai não ilude, mas se aproxima de nós de modo discreto, se coloca ao lado para benefício de todos. Ele cria espaço de liberdade em torno de si, comunicando somente com a presença proximidade benévola. Neste encontro as pessoas são colocadas na condição de descobrir a própria identidade mais profunda. Reconhecem a própria verdade: o mistério de ser filhos e filhas de Deus.

O estilo de Cristo evidencia que ele vê com os olhos de Deus Amor. Aqueles que encontraram Jesus podem retomar o caminho, porque o essencial da própria existência foi desvelado e depois conhecido. O homem Jesus de Nazaré narrou Deus e é nele que "habita corporalmente toda a plenitude da divindade" (Cl 2,9). É o homem Jesus de Nazaré que as pessoas consagradas são chamadas a seguir em uma vida pessoal e comunitária, que seja antes de tudo humana e humanizada. Cristo nos ensina a renunciar à impiedade e às paixões mundanas e a viver neste mundo com ponderação, justiça e piedade (cf. Tt 2,2), em tal estilo a nossa humanidade purificada e vivificada pela exigência da contemplação vem quotidianamente liberada da mentira para se tornar lugar humano e santo que acolhe, eco e narração da vida de Jesus, embora no limite e na finitude. Aprendemos o estilo que a *Didaché* chama: "os modos do Senhor".[70] A *sequela Christi*, nos recorda o Papa Francisco, encontra na humanidade santa de Cristo o modelo da própria humanidade para testemunhar como ele "viveu sobre esta terra".[71]

A escuta que vê

35. O estilo de Cristo se aprende a partir da escuta. Somos convidados ao empenho de um estilo contemplativo em que a Palavra resplandece em nosso viver de homens e mulheres: nos pensamentos, no silêncio orante, nas fraternidades, nos nossos encontros e diaconias, nos lugares que habitamos e em que anunciamos a graça da misericórdia, nas escolhas, nos discursos, nos caminhos formados perseguidos de modo constante e frutuoso.

A pessoa consagrada encontra na escuta da Palavra de Deus o lugar em que se põe sob o olhar do Senhor e dele aprende a olhar para si mesma, os outros e o mundo. A Carta aos Hebreus (4,13) mostra eficazmente este cruzamento de olhares: Diante da Palavra de Deus (*logos toû theoû*) "não há criatura que possa ocultar-se diante dela. Tudo está nu e descoberto aos olhos daquele a quem devemos prestar

---

[70] *Didaché*, 11, 8.

[71] SPADARO, A. "Svegliate il mondo!". Colloquio de Papa Francesco con i Superiori Generali. *La Civiltà Cattolica* 165 (2014/I) 7.

contas" (*ho logos*). A Palavra nos vê, nos observa, refere-se a nós, nos interpela e nos envolve, os seus olhos são como chama de fogo (cf. Ap 19,12).

A contemplação cristã nasce e cresce no exercício de uma escuta obediente (*ob-audire*) e ininterrupta. Se é Deus aquele que fala, o crente é uma pessoa chamada a escutar, o contemplativo, a pessoa que incessantemente escuta. Vemos através do ouvido em uma relação de aliança, de cumprimento, de alegria. Exercício ativo, amor e desejo do verdadeiro: "Dai ouvidos à minha palavra, e serei um Deus para vós e vós sereis um povo para mim. Andai pelos caminhos que vos ordenei para serdes felizes" (Jr 7,23).

36. Esta síntese entre o ouvir e o ver "a partir da pessoa concreta de Jesus, que se vê e escuta [...] neste sentido e a propósito da visão corpórea do Ressuscitado, Santo Tomás de Aquino fala de *oculata fides* dos Apóstolos: viram Jesus ressuscitado com os seus olhos e acreditaram, isto é, puderam penetrar na profundidade daquilo que viam para confessar o Filho de Deus, sentado à direita do Pai. [...] Só quando somos configurados com Jesus é que recebemos o olhar adequado para o ver".[72] Chamados à escuta, cultivemos um "coração obediente" (1Rs 3,9), e peçamos sabedoria e inteligência (cf. 1Rs 3,12) para discernir aquilo que vem de Deus e aquilo que é o seu contrário.

A escuta da Palavra supõe a vigilância (cf. Hab 2,1-3), atenção àquilo que se escuta (cf. Mc 4,24), consciência de

---

[72] FRANCISCO. Carta Encíclica *Lumen Fidei* (29 de junho de 2013), n. 30-31.

quem escuta (cf. Jr 23,16) e de como se escuta (cf. 8,18). Teresa d'Ávila recorda: "Não chamo na verdade oração aquela daquele que não considera com quem fala, que é quem fala, o que pede e a quem pede".[73]

Este exercício permite iluminar o *caos* do próprio eu, acolhendo o olhar misericordioso e compassivo, embora exigente, do Cristo Senhor que conduz a pessoa consagrada a uma realística visão de si: "Põe os teus olhos somente nele [...] se põe os teus olhos nele, ali encontrarás o Tudo".[74]

37. São Bento, na *Regra*, fez do publicano da parábola de Lucas (cf. Lc 18,9-14) o modelo do monge, o *exemplum*.[75] Não quer monges com o olhar elevado para as alturas celestes, mas com os olhos inclinados sobre a terra. O monge não proclama a própria proximidade do Senhor, reconhece a própria distância; não pronuncia uma oração magniloquente, mas confessa o próprio pecado: *Meu Deus, tem compaixão de mim, que sou pecador!*[76] Escreve Isaac de Nínive: "Aquele que foi tornado digno de ver a si mesmo é maior do que aquele que foi tornado digno de ver os anjos [...] Aquele que é sensível aos seus pecados é maior do que aquele que ressuscita os mortos com a sua oração".[77] O Papa Francisco afirma com fino realismo: "Se alguém não peca,

---

[73] SANTA TERESA D'ÁVILA. *Castelo Interior*, primeira morada, I, 7.

[74] SÃO JOÃO DA CRUZ. *Subida ao Monte Carmelo*, II, 22.

[75] Cf. SÃO BENTO. *Regra*, VII, 62-66.

[76] A breve oração na boca do publicano foi definida como "a oração perfeita e perpétua": LOUF, A. *À L'École de la contemplation*. Paris: Lethielleux, 2004. p. 22.

[77] NÍNIVE, Isaac de. *Un'umile speranza. Antologia*. A cura di S. Chialà. Comunità di Bose: Edizioni Qiajoni, 1999. p. 73.

não é um homem. Todos erramos e devemos reconhecer a nossa fraqueza. Um consagrado que se reconhece frágil e pecador não contradiz o testemunho que é chamado a dar, antes, o reforça, e isto faz bem a todos".[78]

Quies, requies, otium

38. Para morar na relação com Deus, na potência do Espírito, é necessário dar-se tempo e espaço, andando contra a corrente. A cultura do presente não crê nos processos de vida e de mudança, mesmo se cientificamente lhe põe a base da própria visão. Tem valor aquilo que acontece rapidamente, inicia imediatamente, se move velozmente. Não avalia o epílogo: cada dinâmica brilha e se consome no momento presente.

O tempo no comportamento cristão não é mercadoria, mas sinal que nos revela Deus aqui e agora. São necessários espaços e tempos adequados, como lugares para habitar sem pressa de fôlego curto.

Para indicar a vida contemplativa, a tradição monástica ocidental utilizou muitas vezes termos que indicam a atividade interior, o tempo dedicado somente a Deus *vacare Deo*; o encontrar repouso em Deus, *quies, requies*; a abstenção da atividade laborativa para poder trabalhar na alma, *otium negotiosum*. Os termos falam de repouso e de quietude. Na realidade eles supõem a fadiga do trabalho

---

[78] SPADARO, A. "Svegliate il mondo!". Colloquio di Papa Francesco con i Superiori Generali. *La Civiltà Cattolica* 165 (2014/I) 5.

e da luta interior: "O ócio prejudica a todos [...] mas nada quanto a alma tem necessidade de trabalhar."[79]

A vida interior exige a ascese do tempo e do corpo, pede o silêncio como dimensão na qual habitar; invoca a solidão como momento essencial de purificação e integração pessoal; chama a oração interior, para encontrar o Senhor que habita no segredo e faz do próprio coração a cela interior (cf. Mt 6,6), lugar personalíssimo e inviolável no qual adorar (cf. 1Pd 3,14): "Venha o meu amado ao seu jardim e saboreie os seus melhores frutos" (Ct 5,1).

39. Preferimos muitas vezes viver fora de nós mesmos, fora do castelo interior, homens e mulheres de superfície, porque a aventura do profundo e da verdade provoca medo. Preferimos noções tranquilizadoras, mesmo se limitadas, ao desafio que nos lança para além do vislumbrado: "Sim, sabemos que temos uma alma, porque a sentimos e porque nos ensina a fé, mas por atacado, tão verdade que bem poucas vezes pensamos nas riquezas que estão nela, na sua grande excelência e aquele que nela habita. E isto explica a nossa grande negligência em procurar conservar a sua beleza".[80]

Não encontramos, às vezes, a teimosa coragem que sabe empreender a viagem do profundo que através da sombra do limite e do pecado nos conduz à verdade última que nos habita: "Podemos considerar a nossa vida como um castelo feito de um só diamante ou de um tersíssimo

---

[79] SÃO JOÃO CRISÓSTOMO. *Homilias sobre os Atos dos Apóstolos*, 35,3.
[80] SANTA TERESA D'ÁVILA. *Castelo Interior*, primeira morada, I, 3.

cristal, no qual existam muitas mansões, como muitas vezes existem no céu. [...] o que é a alma do justo senão um paraíso, onde o Senhor disse para tomar as suas delícias? E então como será o quarto em que se deleita um Rei tão poderoso, tão sábio, tão puro, tão pleno de riquezas? Não, não existe nada que possa comparar-se à grande beleza de uma alma e à sua imensa capacidade!".[81]

A memória inefável

40. A via da Palavra é o primeiro caminho pelo qual o próprio Senhor vem ao nosso encontro "e nos reúne para a ceia sagrada; como aos discípulos de Emaús nos revela o sentido das Escrituras e parte o pão para nós".[82] Palavra, Evangelho: caixa aberta, tesouro sublime, narrativa de Deus.[83] O encontro com alguém acontece sempre por meio da palavra, que, tornando-nos partícipes da sua vida, lhe revela algo de nós.

Eis Jesus, *Agnus Dei*. O Rosto invisível de Cristo, o Filho de Deus, se revela do modo mais simples e ao mesmo tempo inefável, se manifesta no mistério do seu Corpo e do seu Sangue. A Igreja, respondendo ao desejo dos homens de todos os tempos – que pedem para "ver Jesus" (Jo 12,21) –, repete o gesto que o Senhor mesmo realizou: parte o pão, oferece o cálice de vinho. "Eis o Cristo em um pouco de

---

[81]   Ibidem, I, 2.

[82]   *MISSAL ROMANO.* Oração Eucarística VI.

[83]   Cf. EG, n. 174-175.

pão: em uma migalha de matéria criada eis o Incriado; eis o Invisível em um momento do visível."[84]

Aqui os olhos de quem o busca com coração sincero se abrem; na Eucaristia o olhar do coração reconhece Jesus.[85] São João Paulo II nos recorda: "Contemplar Cristo implica saber reconhecê-lo onde quer que ele se manifeste, com as suas diversas presenças, mas sobretudo no sacramento vivo do seu corpo e do seu sangue. A Igreja vive de Jesus eucarístico, por ele é nutrida, por ele é iluminada. A Eucaristia é mistério de fé e, ao mesmo tempo, 'mistério de luz'. Sempre que a Igreja a celebra, os fiéis podem de certo modo reviver a experiência dos dois discípulos de Emaús: Abriram-se-lhes os olhos e reconheceram-no (Lc 24,31)".[86]

A Eucaristia nos introduz quotidianamente no mistério do amor, "o sentido esponsal do amor de Deus. Cristo é o Esposo da Igreja, como redentor do mundo. A Eucaristia é o sacramento da nossa redenção. É o sacramento do Esposo, da Esposa".[87] Narra ao nosso coração que Deus é amor.

41. Viver a capacidade contemplativa da vida consagrada é viver eucaristicamente, no estilo do Filho dado por nós. A Eucaristia alimenta a *Jesu dulcis memoria*, convite para nós, consagrados e consagradas, a fim de que no Espírito Santo (cf. Jo 14,26) a *memória* de Jesus more na

---

[84] MAZZOLARI, P. *Il segno dei chiodi.* Bologna: Dehoniane, 2012. p. 73-78.

[85] Cf. SÃO JOÃO PAULO II. *Homilia por ocasião da solenidade de* Corpus Domini, Basílica de São João de Latrão (14 de junho de 2001).

[86] Id. Carta Encíclica *Ecclesia de Eucharestia* (17 de abril de 2003), n. 6.

[87] Id. Carta Apostólica *Mulieris Dignitatem* (15 de agosto de 1988), n. 26.

alma, nos pensamentos, nos desejos, como contemplação que transfigura a nossa vida e fortifica a alegria. "Desde o tempo em que te conheci, tu moras em minha memória e é aqui que te encontro quando me recordo e alegro-me de ti",[88] afirma Santo Agostinho, enquanto os Padres gregos indicam a memória contínua de Jesus como fruto espiritual da Eucaristia. Nesta recordação assídua de Cristo florescem pensamentos de mansidão e de benevolência, enquanto Deus faz morada na alma e a torna sua através da obra do Espírito Santo.

42. A invocação e a oração, a escuta da Palavra de Deus e a luta espiritual, a celebração sacramental renovam quotidianamente a abertura ao dom do Espírito: "A oração, o jejum, as vigílias e as outras práticas cristãs, por quanto possam parecer boas por si mesmas, não constituem o fim da vida cristã, mesmo se ajudam a entrar em contato conosco. O verdadeiro fim da vida cristã é aquisição do Espírito Santo de Deus".[89]

Bento XVI indicava a preciosidade inseparável da comunhão e da contemplação: "Comunhão e contemplação não se podem separar, pois caminham juntas. Para me comunicar verdadeiramente com outra pessoa devo conhecê-la, saber estar em silêncio ao seu lado, ouvi-la e fitá-la com amor. O amor autêntico e a amizade verdadeira vivem sempre desta reciprocidade de olhares, de silêncios intensos, eloquentes e repletos de respeito e de veneração,

---

[88] SANTO AGOSTINHO. *Confissões*, X, 8-24.

[89] GORAINOFF, I. *Serafino de Sarov;* vita, colloquio com Motovilov, scritti spiritual. 6. ed. Torino: Gribaudi, 2006. p. 156.

de tal maneira que o encontro seja vivido profundamente, de modo pessoal e não superficial. E infelizmente, se falta esta dimensão, também a própria comunhão sacramental pode tornar-se, da nossa parte, um gesto superficial. No entanto, na comunhão autêntica, preparada pelo diálogo da oração e da vida, nós podemos dirigir ao Senhor palavras de confiança, como aquelas que há pouco ressoaram no Salmo responsorial: 'Senhor, sou teu servo, filho da tua serva; / quebraste as minhas cadeias. / Hei de oferecer-te sacrifícios de louvor / invocando, Senhor, o teu nome' (Sl 116,16-17)".[90]

---

[90] BENTO XVI. *Homilia por ocasião da solenidade de* Corpus Domini, Basílica de São João de Latrão (7 de junho de 2012).

FORMAR

"Guarda-me como o sinete
sobre teu coração." (Ct 8,6)

Na escuta

43. A palavra do *Cântico dos Cânticos* narra um amor
orientado para uma relação interpessoal, descentralizado,
direcionado a contemplar o rosto amado e a ouvir a sua
voz (cf. Ct 2,14). "Aquele que ama deve consequentemente
atravessar aquela fronteira que o confinava nas próprias
limitações. Por isso se diz do amor que derrete o coração:
aquilo que foi derretido não está mais confinado nos próprios limites."[91]

Superar os próprios limites e confins entra no dinamismo da contemplação onde fala apenas a beleza e a força
do amor. A contemplação impede que a união represente
fusão indistinta e vaga, porque salva a alteridade e torna
possível o dom. Ela é o êxtase diante da "terra sagrada do
outro",[92] é o parar no espaço da acolhida e da partilha que

---

[91] SANTO TOMÁS DE AQUINO. *Comentário às sentenças de Pedro Lom-
bardo* III XXV, I, I, 4 m.

[92] FRANCISCO. Exortação Apostólica *Evangelii Gaudium* (EG) (24 de
novembro de 2013), n. 169.

o outro oferece para reconhecê-lo na sua unicidade: "[...] mas uma só é a minha pomba, minha perfeita" (Ct 6,9), ou ainda: "Meu amado [...], inconfundível entre milhares" (Ct 5,10). Para permanecer em tal epifania é preciso treinar olhos e coração para saborear a beleza como mistério que envolve e compromete.

44. Um dos adjetivos que perpassa o *Cântico* é exatamente o adjetivo *yāpâ*, "bela", e *yāfeh*, "belo". Na Bíblia, bela é a voz de uma pessoa (Ez 33,32), uma mulher (Sara, mulher de Abraão em Gn 12,11), a árvore que está no Éden é bela para olhar, por isso é desejável (Gn 3,6); as sandálias de Judite raptam os olhos de Holofernes, a sua beleza cativa o seu coração (Jt 16,), belas são as pedras do templo (Lc 21,5). A beleza bíblica não sugere apenas a física, mas também a interior: belo na verdade é o vinho que Jesus doa em Caná (Jo 2,10), belo é o pastor que dá a vida pelas suas ovelhas (Jo 10,11.14), belo é o gesto que cumpre a mulher que unge Jesus e recebe o seu elogio que lhe garante memória eterna (Mt 26,10).

A beleza na Bíblia aparece, então, como a "assinatura" da gratuidade divina e humana, e no *Cântico* ela se apresenta como superação da solidão, como experiência de unidade. Os dois que se amam se sentem unidos antes ainda de o ser, e depois da união desejam que esta perdure. Os dois não desejam presentear-se uma emoção passageira, mas degustar o sabor da eternidade através de uma marca, um "sinete (*hôtâm*) sobre o coração e sobre a carne" (Ct 8,6), que liga tudo na "prospectiva do para sempre" de Deus. Este sinal na carne é uma ferida que faz desejar eternamente o amor, fogo que as grandes águas não podem extinguir (Ct 8,7): "Tu, Trindade eterna, és um mar profundo, que quanto mais adentro, tanto mais encontro, e quanto mais encontro, mais busco por ti. Tu és insaciável, porque, embora a alma se sacie no teu abismo, todavia não se sacia totalmente, mas sempre permanece nela fome de ti, Trindade eterna, desejando ver-te com a luz na tua luz".[93]

Quando amadurecemos na nossa relação com Deus, lhe permitimos purificar-nos e ensinar-nos a ver como ele vê, amar como ele ama. Certamente, é forte para a pessoa este modo novo de ver e amar – e adquirir aquilo que Bento XVI chama: "um coração que vê"[94] – porque requer uma transformação radical do coração, aquela que os Padres chamavam *puritas cordis*, um caminho formativo.

No estilo da beleza

45. A vida consagrada, na variedade das situações culturais e dos modelos de vida, requer hoje atenção e confiança na ação formativa pessoal, comunitária, e especialmente na dinâmica do Instituto, para introduzir, acompanhar, sustentar a atitude e a capacidade contemplativa. Surge a necessidade de colocar questões ao nosso viver e de olhar ao *ethos* formativo como "capacidade de propor um método rico de sabedoria espiritual e pedagógica, que

---

[93] SANTA CATARINA DE SENA. *Il dialogo della Divina Provvidenza*. Siena: Cantagalli, 2006. p. 402-403.

[94] BENTO XVI. Carta Encíclica *Deus Caritas Est* (DCE) (25 de dezembro de 2005), n. 31.

leve progressivamente a assumir os sentimentos de Cristo Senhor quem aspira a consagrar-se. A formação é um processo vital, através do qual a pessoa se converte ao Verbo de Deus até as profundezas do seu ser".[95] Talvez tenhamos necessidade de descobrir de uma forma contínua o sopro do mistério que nos habita e nos transcende: "Como uma árvore arrancada do terreno, como um rio distanciado da sua própria nascente, a alma humana perece se vem cortada daquilo que é maior do que ela. Sem a santidade o bem se revela caótico; sem o bem a beleza se torna acidental. O Bem e a Beleza resplendem ao invés com uma só voz".[96]

46. Que estilo exprime de modo atual e simples a vida consagrada no quotidiano? Os consagrados e as consagradas – além da hermenêutica doutrinal, suportes magisteriais, Regras e tradições –, o que narram na Igreja e na sociedade humana? Sou verdadeiramente uma parábola de sabedoria evangélica e um incentivo profético e simbólico para um "outro" mundo? Convidamos a uma avaliação direcionada e veraz do estilo expresso cada dia, a fim de que o ventilabro da paciência separe a palha do grão de trigo (cf. Mt 3,12), deixando que se mostre o verdadeiro da nossa vida e a recordação da Beleza que transfigura.

Mencionamos algumas sugestões de reflexão que, integradas nos nossos planos e nas práxis formativas, podem acompanhar o processo vital que da superfície conduz aos

---

[95] SÃO JOÃO PAULO II. Exortação Apostólica Pós-Sinodal *Vita Consecrata* (VC) (25 de março de 1996), n. 68.

[96] HESCHEL, A. J. *L'uomo alla ricerca di Dio.* Comunità di Bose:Edizione Qiqajon, 1995. p. 141.

sentimentos do profundo, lá onde o amor de Cristo toca a raiz do nosso ser.[97]

A pedagogia mistagógica

47. Indicamos a Palavra de Deus – fonte primeira de toda espiritualidade cristã que alimenta uma relação pessoal com o Deus vivo e com a sua vontade salvífica e santificante[98] – e a Eucaristia, na qual está contido o próprio Cristo, nossa Páscoa e Pão vivo, coração da vida eclesial e da vida consagrada,[99] como lugares nos quais morar com humildade de espírito para ser por eles formados e santificados. Convidamos a acompanhar com atenta pedagogia a graça destes mistérios. Os Padres amavam, especialmente, a comunicação mistagógica, mediante a qual se descobria e se interiorizava na vida, à luz das Escrituras, a água límpida da verdade expressa no mistério celebrado. Assim, como diz o termo grego *mystagogía*, a ação homilética e a liturgia podiam iniciar, guiar, conduzir ao mistério. A comunicação mistagógica pode introduzir frutuosamente os noviços e as noviças dos nossos Institutos e acompanhar a formação dos consagrados e consagradas de modo constante, especialmente na vida litúrgica.

A liturgia mesma é mistagogia – enquanto comunicação através de palavras, ações, sinais, símbolos de matriz bíblica – que introduz ao usufruto vital do *mysterion*. A categoria da *transfiguração* à qual a vida consagrada se

---

[97] Cf. VC, n. 18.
[98] Cf. Ibidem, n. 94.
[99] Cf. Ibidem, n. 95.

refere pode estar no coração da via mistagógica. Ela deve saber evocar na vida de nós crentes o mistério pascal, o nosso destino à ressurreição.[100] O mistagogo por excelência, recorda Gregório Nazianzeno, é o próprio Cristo, e tudo na liturgia tem a ele como sujeito, o *Kyrios*, ressuscitado e presente.

48. A comunicação mistagógica é uma ação eminentemente cristológica, porque apenas a inteligência do cristão e apenas os ritos e gestos litúrgicos não bastam para fazer compreender o mistério e participar dele com fruto. Não existe liturgia cristã autêntica sem mistagogia. Se na liturgia não existe linguagem mistagógica, poderá acontecer aquilo que Orígenes disse que havia acontecido aos levitas encarregados de levar a Arca da Aliança envolta com cobertas e cortinas. Pode acontecer também a nós consagrados de levar nos ombros os mistérios de Deus como peso, sem saber o que sejam, e então sem disso beneficiar-se.[101]

Somos chamados a empreender uma avaliação real das nossas celebrações comunitárias – Liturgia das Horas, Eucaristia quotidiana e dominical, práticas de piedade –, perguntando-nos se estas são encontros vivos e vitalizantes com Cristo, "fonte de um renovado impulso a doar-se".[102]

---

[100] Cf. BENTO XVI. Exortação Apostólica *Sacramentum Caritatis* (22 de fevereiro de 2007), n. 64: "A melhor catequese sobre a Eucaristia é a própria Eucaristia bem celebrada. Por sua natureza, na verdade, a liturgia tem uma sua eficácia pedagógica ao introduzir os fiéis no conhecimento do mistério celebrado".

[101] Cf. ORÍGENES. *Homilias sobre* Números, 5, 1.

[102] EG, n. 24.

Um convite a pensar de modo responsável uma pedagogia mistagógica para os nossos caminhos de formação contínua.

A pedagogia pascal

49. O caminho místico, um fundamento da nossa vida cristã de especial *sequela Christi*, atravessa a Paixão, a morte, a ressurreição do Senhor. Isto pede cuidado especial e contínuo na vida pessoal para que acolha as "oportunidades de deixar-se plasmar pela experiência pascal, configurando-se a Cristo crucificado que cumpre em tudo a vontade do Pai",[103] e igual cuidado para colher o valor e a eficácia na vida fraterna e missionária. A atitude contemplativa se alimenta na beleza velada da cruz. O Verbo que estava junto de Deus, sustentado nos ramos da árvore colocada para ligar os céus e a terra, se torna o escândalo por excelência diante do qual se vela o rosto. Das cruzes do mundo, hoje outras vítimas da violência, quase outros *cristos*, pendem humilhados, enquanto o sol se obscurece, o mar se torna amargo e os frutos da terra amadurecidos pela fome de todos se dividem pela ganância de poucos. Ressoa o convite a purificar o olhar para contemplar o enigma pascal da salvação, vivo e atuante no mundo e nos nossos contextos quotidianos.

Hoje, nas fraternidades e nas comunidades que vivem imersas nas culturas contemporâneas – muitas vezes tornadas mercado do efêmero –, pode acontecer que também o nosso olhar de consagrados e de consagradas perca

---

[103] Cf. VC, n. 70.

a capacidade desarmada e inerme que se perfila no rosto dos irmãos e das irmãs que nos são familiares, como naqueles dos cristos rejeitados pela história que encontramos nas nossas diaconias de caridade. Rosto que "nem tinha beleza a atrair o olhar, não tinha aparência que agradasse" (cf. Is 53,3).

50. Cada dia o espetáculo do sofrimento humano se mostra na sua crueldade. Ele é tal que nenhuma redenção pode ser buscada e entendida sem afrontar o escândalo da dor. Este mistério atravessa como uma onda enorme a história humana e convida à reflexão. Poucos intuíram como Dostoiévski a questão mais verdadeira que domina o coração humano: a dor, a redenção pelo mal, a salvação vitoriosa sobre a morte. Ela tem lugar no confronto da relevância da beleza com o mistério da dor, pedindo sua razão. O jovem Hipólito, próximo de sua morte, põe a questão decisiva, terrível ao príncipe Míchkin, protagonista de *O idiota*, enigmática figura de Cristo, o Inocente que sofre por amor de todos: "É verdade, príncipe, que uma vez disseste que o mundo seria salvo pela beleza? Que beleza salvará o mundo?".[104]

A questão sobre o mal aflora quotidianamente na inteligência, no coração e nos lábios de muitos de nossos irmãos e irmãs. Somente se Deus faz seu o sofrimento infinito do mundo abandonado ao mal, somente se ele entra nas trevas mais espessas da miséria humana, a dor é redimida

---

[104] DOSTOIÉVSKI, F. O idiota, II, 2. In: LO GATTO, E. (ed.). *Romanzi e taccuini*. Firenze: Sansoni, 1961. v. II, p. 470.

e é vencida a morte. Isto aconteceu na Cruz do Filho. O sofrimento de Cristo consegue explicar a tragédia da humanidade estendendo-a à divindade. No Cristo sofredor se lê a única resposta possível à questão sobre o sofrimento. À contemplação, ao conhecimento da Beleza que nos habita e nos transcende, não se chega senão através da cruz; não se ascende à vida se não atravessando a morte.

51. Para nós, pessoas consagradas, entrar na sabedoria pascal e treinar para mirar em tudo aquilo que é desfigurado e crucificado, aqui e agora, o Rosto transfigurado do Ressuscitado é questão fundamental da fé. O caminho contemplativo é um caminho pascal. A páscoa de Cristo, razão da nossa esperança, interroga a nossa fraternidade e a nossa missão às vezes envelhecidas por relações superficiais, pela *routine* sem esperança, por diaconias apenas funcionais, por olhos preguiçosos não mais capazes de reconhecer o mistério. Nas nossas comunidades a Beleza permanece velada! Somos "sem inteligência e lentos de coração" (cf. Lc 24,25) ao viver a pedagogia pascal. Pode acontecer de não nos recordarmos de que a participação na comunhão trinitária pode mudar as relações humanas, que a energia da ação reconciliadora da graça derruba os dinamismos desagregadores presentes no coração do homem e nas relações sociais, e que deste modo podemos indicar aos homens seja a beleza da comunhão fraterna, sejam as vias que a ela concretamente conduzem.[105]

---

[105] Cf. VC, n. 41.

A reflexão contemporânea, muitas vezes pairando entre espiritualização da natureza e estetização do sentir, acabou por descuidar do valor cognoscitivo e formativo do belo, o seu significado de verdade, confinando-o em uma ambígua área de sombra ou relegando-o ao efêmero. É preciso recosturar o nexo vital com o significado antigo e sempre novo da beleza qual lugar visível e sensível do infinito mistério do Invisível. Habitar este lugar distante é como atingir a fonte da beleza. Se a existência não se torna partícipe de algum modo deste mistério, a beleza fica de fato inatingível, se perde no vazio do não sentido e no vazio de cada significado.[106]

A pedagogia da beleza

52. Ao longo dos séculos, initerruptamente, a vida consagrada andou em busca dos passos da beleza, guardiã vigilante e fecunda da sua sacralidade, reelaborando a sua visão, criando obras que expressaram a fé e a mística da luz na arquitetura, nas artes plásticas e na ciência, nas artes figurativas, literárias, musicais em busca de novas epifanias da Beleza.[107] Porém, mais dolorosamente, nós permanecemos privados. O Papa Francisco, quando cardeal de Buenos Aires, no texto *A beleza educará o mundo*,[108] sugere a pedagogia da beleza, instância informativa, na qual a pessoa humana é olhada como portadora do eterno chamado a um processo de vida que floresce no respeito e na

---

[106] SÃO JOÃO PAULO II. *Carta aos artistas* (4 de abril de 1999).
[107] Cf. BERDJAEV, N. *Il senso dalla creazione*. Milano: Jaca Book, 1994. p. 300s.
[108] FRANCISCO. *La beleza educherà il mondo*. Bologna: EMI, 2014.

escuta, na integração de pensamento, emoção e sentimentos chamados a integrar-se na maturidade.

Abre-se a necessidade de uma dupla via de formação do *ethos* humano: "O verdadeiro conhecimento é ser atingidos pelo dardo da beleza que fere o homem, ser tocados pela realidade, pela *presença pessoal do próprio Cristo* como ele disse. O ser marcados e conquistados através da beleza de Cristo é conhecimento mais real e profundo do que a mera dedução racional. Devemos favorecer o encontro do homem com a beleza da fé. O encontro com a Beleza pode se tornar o golpe do dardo que fere a alma e deste modo lhe abre os olhos, tanto que agora a alma, a partir da experiência, tem critérios de juízo e é também capaz de avaliar corretamente os argumentos".[109]

A beleza verdadeira e eterna alcança o homem interior por via daqueles que se podem chamar os "sentidos" espirituais, dos quais Santo Agostinho fala em analogia aos sentidos do corpo: "Que amo eu, quando te amo? [...] E, no entanto, amo uma certa luz, e uma certa voz, e um certo perfume, e um certo alimento, e um certo abraço, quando amo o meu Deus, luz, voz, perfume, alimento, abraço do homem interior que há em mim, onde brilha para a minha alma o que não ocupa lugar, e onde ressoa o que o tempo não rouba, e onde exala perfume que o vento não dissipa, e onde dá sabor o que a sofreguidão não diminui, e onde

---

[109] RATZINGER, J. La corrispondenza del cuore nell'incontro con la Belezza. *30 giorni*, n. 9, settembre 2002, p. 87.

se une o que a saciedade não separa. Isto é o que eu amo, quando amo o meu Deus".[110]

53. No nosso caminho de cristãos e consagrados temos necessidade de reconhecer os sinais da Beleza, uma via para o Transcendente, para o Mistério último, para Deus, exatamente pela sua característica de abrir e alargar os horizontes da consciência humana, de enviá-la para além de si mesma, de debruçá-la sobre o abismo do Infinito. Somos chamados a percorrer a *via pulchritudinis*, que constitui um percurso artístico, estético, e um itinerário de fé, de busca teológica.[111]

Bento XVI sentia na grande música uma realidade de nível teológico e uma resposta de fé, como muitas vezes expressou nos comentários dos concertos que assistia. "Quem escutou isto sabe que a fé é verdadeira".[112] A beleza expressa na genialidade musical vinha interpretada como propedêutica à fé: "Naquela música era perceptível uma força tão extraordinária de Realidade presente a ponto de se dar conta, não mais através de deduções, mas sim através da explosão do coração, que aquilo não poderia ter origem do nada, mas poderia nascer apenas graças à força da Verdade que se atualiza na inspiração do compositor".[113] Talvez seja por isso que os grandes místicos – a literatura poética

---

[110] SANTO AGOSTINHO. *Confissões*, X, 6, 8.

[111] Cf. BENTO XVI. *Discurso aos artistas na Capela Sistina*, Cidade do Vaticano (21 de novembro de 2009).

[112] RATZINGER, J. La corrispondenza del cuore nell'incontro con la Belezza. *30 giorni*, n. 9, settembre 2002, p. 89.

[113] Ibidem.

e a música dão razão a isso – amavam compor poesias e cânticos, para exprimir algo de divino a que tinham tido acesso, nos secretos encontros da alma.

Ao lado da música igualmente se põem a arte poética, a narrativa e a figurativa como possíveis caminhos propedêuticos à contemplação: das páginas literárias aos ícones, às miniaturas; dos afrescos e pinturas às esculturas. Tudo "por uma via interior, uma via de separação de si e, portanto, nesta purificação do olhar, que é uma purificação do coração, nos revela a Beleza, ou pelo menos um raio dela. Propriamente assim ela nos põe na relação com a força da verdade".[114]

Na *Evangelii Gaudium* o Papa Francisco sublinha a ligação entre verdade, bondade e beleza: é necessário "recuperar a estima da beleza para poder chegar ao coração humano e fazer resplandecer nela a verdade e a bondade do Ressuscitado".[115]

54. Somos convidados, portanto, para um caminho harmonioso que saiba fundir o verdadeiro, o bem, o belo, lá onde algumas vezes parece que o dever, como ética mal--entendida, assuma o controle.

A nova cultura digital e os novos recursos comunicativos deixam um desafio pela frente, enfatizando a linguagem da imagem como fluxo contínuo sem possibilidade de meditação, sem meta e muitas vezes sem hierarquia de

---

[114] Ibidem.

[115] EG, n. 167.

valores. Cultivar um olhar presente, reflexivo, que vá além do visto e da bulimia dos contatos imateriais, é desafio urgente que pode introduzir-nos no Mistério e testemunhá-lo. Somos convidados a percorrer caminhos formativos que nos forcem a ler dentro das coisas, a percorrer o caminho da alma ao longo do qual se cumpre a referência das formas da beleza anterior à harmonia da Beleza suprema. Realizaremos, assim, "a obra da arte escondida que é a história de cada um com o Deus vivente e com os irmãos, na alegria e no afã de seguir Jesus Cristo na cotidianidade da existência".[116]

A pedagogia do pensamento

55. Formar, portanto, ao gosto do profundo, ao caminho interior é imprescindível. A formação é um caminho desafiador e fecundo, jamais concluído. Uma necessidade que se apaga com a morte.

As pessoas consagradas são chamadas e exercitar-se no "pensamento aberto": o confronto com as culturas e os valores de que somos portadores treinam a nossa vida para acolher as diversidades e para ler nelas os sinais de Deus. A sabedoria inteligente e amorosa da contemplação treina para uma visão que sabe avaliar, acolher, referir toda realidade ao Amor.

Na Encíclica *Caritas in Veritate*, Bento XVI escreve: "Paulo VI tinha visto com clareza que entre as causas

---

[116] BENTO XVI. *Discurso aos Oficiais do Pontifício Conselho para a Cultura*, Cidade do Vaticano (15 de junho de 2007).

do subdesenvolvimento existe uma falta de sabedoria, de reflexão, de pensamento capaz de atuar uma síntese orientadora, para a qual se requer 'uma visão clara de todos os aspectos econômicos, sociais, culturais e espirituais'".[117] E declara: "O amor na verdade – *caritas in veritate* – é um grande desafio para a Igreja em um mundo em progressiva e generalizada globalização. O risco do nosso tempo é que a interdependência de fato entre os homens e os povos não corresponda à interação ética das consciências e das inteligências".[118]

O Papa Francisco retorna a esta necessidade vital no seu colóquio com os Superiores Gerais dos Institutos Religiosos masculinos, em 29 de novembro de 2013, referindo-se ao desafio lançado à vida consagrada pela complexidade: "Para entender devemos nos deslocar, ver a realidade de mais pontos de vista diferentes. Devemos habituar-nos a pensar".[119]

Convida-se para uma atenção contínua em vista de criar um ambiente quotidiano, fraterno e comunitário, primeiro lugar de formação, em que seja favorecido o crescimento de uma pedagogia do pensamento.

56. Nesta ação contribui de modo determinante o serviço da autoridade. A formação constante requer em quem anima os Institutos e as Comunidades um olhar

---

[117] BENTO XVI. Carta Encíclica *Caritas in Veritate* (29 de junho de 2009), n. 31.

[118] Ibidem, n. 9.

[119] SPADARO, A. "Svegliate il mondo!". Colloquio de Papa Francesco con i Superiori Generali. *La Civiltà Cattolica* 165 (2014/I) 6.

dirigido, em primeiro lugar, à pessoa consagrada, para dirigi-la para a atitude sapiencial de vida; para treiná-la na cultura do humano para conduzir à plenitude cristã; para permitir-lhe o exercício da reflexão de valores; para ajudá-la a guardar a sacralidade do ser, a fim de que não se gaste em excesso segundo os valores da eficiência e da utilidade; para evitar que transforme o saber cristão em uma constelação de diaconias e de competências técnicas. Quem serve pela autoridade encoraja e acompanha a pessoa consagrada na busca dos fundamentos metafísicos da condição humana – lá onde o Verbo faz resplandecer a sua Luz, – a fim de que, "sob a ação do Espírito sejam defendidos com tenacidade os tempos de oração, de silêncio, de solidão e se implora do Alto com insistência o dom da sabedoria na fadiga de cada dia (cf. Sb 9,10)".[120]

Para solicitar e favorecer tal dinâmica formativa não é suficiente um gesto esporádico, qualquer decisão ou escolha operativa. Trata-se de iniciar e sustentar uma dinâmica permanente que tenha relação e incidência sobre toda a vida comunitária e pessoal. Por este motivo é necessário focalizar e adotar um estilo de vida que dê forma para um ambiente cujo clima habitual favoreça o olhar sapiencial, atento, amoroso à vida e às pessoas. Olhar dirigido a descobrir e a viver as oportunidades de crescimento humano e espiritual, olhar que induz a criar pensamento novo, programas úteis, pedagogias direcionadas. Torna-se necessário permitir e facilitar a leitura de introspecção, feita de autorreflexão e de confronto existencial.

---

[120] VC, n. 71.

57. Solicitar um olhar contemplativo significa também solicitar à pessoa consagrada a fim de que com reflexão oportuna se aproprie da identidade profunda, lendo e narrando a própria existência como história "boa", pensamento positivo, relação de salvação, experiência humana recapitulada em Cristo Jesus: "O eu é perceptível através da interpretação dos sinais que deixa no mundo".[121]

A nossa história pessoal unida àquela de quem partilha conosco o caminho em fraternidade, as *semina Verbi* postas a morar hoje no mundo são sinais de Deus para reler juntos; graça da qual estarmos conscientes; semente a levar para germinação como pensamento novo do Espírito para nós, para prosseguir no caminho. O Papa Francisco, dirigindo-se à comunidade dos escritores da *Civiltà Cattolica*, convidava a descobrir esta pedagogia: "A vossa tarefa consiste em acolher e expressar as expectativas, os desejos, as alegrias e os dramas do nosso tempo, e em oferecer os elementos para uma leitura da realidade à luz do Evangelho. Hoje, as grandes interrogações espirituais estão mais vivas do que nunca, mas é necessário que alguém as interprete e compreenda. Com inteligência humilde e aberta, 'procurai e encontrai Deus em todas as coisas', como escrevia Santo Inácio. Deus age na vida de cada homem e na cultura: o Espírito sopra onde quer. Procurai descobrir o que Deus realizou e como continuará a sua obra. [...] E para procurar Deus em todas as realidades, em todos os campos do saber,

---

[121] RICOEUR, P. *Il tempo raccontato*. Milano: Jaca Book, 1998. p. 376.

da arte, da ciência, da vida política, social e econômica, são necessários o estudo, a sensibilidade e a experiência".[122]

Cultivar o pensamento, formar o juízo, treinar a sabedoria do olhar e a fineza dos sentimentos, no estilo de Cristo (Gl 4,19), são caminhos propedêuticos à missão.[123]

Na proximidade da misericórdia

58. Um fecundo caminho para percorrer no exercício contemplativo é aquele que chama à proximidade. É o caminho do encontro, em que os rostos se buscam e se reconhecem. Cada rosto humano é único e irrepetível. A diversidade extraordinária do rosto nos torna facilmente reconhecíveis no ambiente social complexo em que vivemos, favorece e facilita o reconhecimento e a descoberta do outro.

Se a qualidade da convivência coletiva "recomeça do tu",[124] isto é, do dar valor ao rosto do outro e à relação de proximidade, o cristianismo se revela como a religião do rosto, isto é, da vizinhança e da proximidade. "Numa civilização paradoxalmente ferida pelo anonimato e, simultaneamente, obcecada com os detalhes da vida alheia, descaradamente doente de morbosa curiosidade, a Igreja tem necessidade

---

[122] FRANCISCO. *Discurso à comunidade dos escritores da "La Civiltà Cattolica"*, Cidade do Vaticano (14 de junho de 2013).

[123] Cf. VC, n. 23.

[124] Cf. LEVINAS, E. *Etica e infinito. Il volto dell'altro come alterità etica e traccia dell'infinito.* Roma: Città Nuova, 1988.

de um olhar solidário para contemplar, comover-se e parar diante do outro, tantas vezes quantas forem necessárias."[125]

Deus cura da miopia dos nossos olhos e não deixa que o nosso olhar se firme em superfície onde a mediocridade, a superficialidade e a diversidade encontram morada: "Deus 'limpa', dá a graça, enriquece e ilumina a alma comportando-se como o sol, o qual, com os seus raios, enxuga, esquenta, embeleza e ilumina".[126]

A pessoa contemplativa se exercita para olhar com os olhos de Deus sobre a humanidade e sobre a realidade criada, até a ver o invisível (cf. Hb 11,27), isto é, a ação e a presença de Deus, sempre inefável e visível apenas através da fé. O Papa Francisco convida àquela inteligência espiritual e àquela *sapientia cordis*, que identifica o verdadeiro contemplativo cristão como aquele que sabe ser olhos para o cego, pé para o coxo, palavra para o mudo, pai para o órfão, próximo para quem está sozinho, reconhecendo neles a imagem de Deus.[127]

Os cristãos "são, antes de tudo, místicos com os olhos abertos. A sua mística não é uma mística natural sem rosto. É, ao invés, uma mística que busca o rosto, que leva ao encontro com quem sofre, ao encontro com o rosto dos infelizes e das vítimas. Os olhos abertos e vigilantes tecem em nós a revolta contra o absurdo de um sofrimento

---

[125] EG, n. 169.

[126] SÃO JOÃO DA CRUZ. *Cântico Espiritual* B, 32, 1.

[127] Cf. FRANCISCO. *Sapientia cordis.* "Io ero gli occhi per il cieco, ero i piedi per lo zoppo" (Gb 29,15), Mensagem para a XXIII Jornada Mundial do Doente, Cidade do Vaticano (3 de dezembro de 2014).

inocente e injusto; eles detestam em nós a fome e a sede de justiça, da grande injustiça para todos, e nos impedem de orientar-nos exclusivamente para dentro dos minúsculos critérios do nosso mundo de meros necessitados".[128]

59. Somente o amor é capaz de olhar para aquilo que está escondido: somos convidados a tal sabedoria do coração, que não separa jamais o amor de Deus do amor para os outros, particularmente para os pobres, os últimos, "carne de Cristo",[129] rosto do Senhor crucificado. O cristão coerente vive o encontro com a atenção do coração, por isso, do lado da competência profissional e das programações, é preciso uma formação do coração, para que a fé se torne atuante no amor (cf. Gl 5,6): "O programa do cristão – o programa do bom Samaritano, o programa de Jesus – é 'um coração que vê'. Este coração vê onde há necessidade de amor, e atua em consequência. Obviamente, quando a atividade caritativa é assumida pela Igreja como iniciativa comunitária, à espontaneidade do indivíduo há que acrescentar também a programação, a previdência, a colaboração com outras instituições idênticas".[130]

---

[128] METZ, J. B. *Mistica dagli occhi aperti. Per una spiritualità concreta e responsabile.* Brescia: Quereniana, 2011. p. 65.

[129] Por exemplo, cf. FRANCISCO. *Discurso por ocasião da Vigília de Pentecostes com os Movimentos, as novas Comunidades, as Associações e as Agregações eclesiais* (18 de maio de 2013); *Homilia por ocasião da canonização dos Mártires de Otranto e duas beatas latino-americanas* (12 de maio de 2013); *Angelus* (11 de maio de 2015).

[130] DCE, n. 31.

Este olhar qualifica o nosso viver juntos, sobretudo lá onde novas vulnerabilidades se manifestam e pedem para ser acompanhadas com "ritmo salutar da proximidade".[131]

"Porque, assim como alguns quiseram um Cristo puramente espiritual, sem carne nem cruz, também se pretendem relações interpessoais mediadas apenas por sofisticados aparatos, por telões e sistemas que se podem acender e apagar à vontade. Entretanto, o Evangelho nos convida sempre a abraçar o risco do encontro com o rosto do outro, com a sua presença física que interpela, com os seus sofrimentos e suas reivindicações, com a sua alegria contagiosa, permanecendo lado a lado. A verdadeira fé no Filho de Deus feito carne é inseparável do dom de si mesmo, da pertença à comunidade, do serviço, da reconciliação com a carne dos outros. Na sua encarnação, o Filho de Deus convidou-nos à revolução da ternura."[132]

O Rosto do Pai, no Filho, é o Rosto da misericórdia: "Com a sua palavra, os seus gestos e toda a sua pessoa, Jesus de Nazaré revela a misericórdia de Deus".[133] Toda consagrada e todo consagrado é chamado a contemplar e testemunhar o Rosto de Deus como aquele que que entende e compreende as nossas fraquezas (cf. Sl 103), para derramar o bálsamo da proximidade sobre as feridas humanas, contrastando o cinismo da indiferença.

---

[131] EG, n. 169.
[132] Ibidem, n. 88.
[133] FRANCISCO. *Misericordiae Vultus*, Bula de proclamação do Jubileu Extraordinário da Misericórdia, n. 1

"Abramos os nossos olhos para ver as misérias do mundo, as feridas de tantos irmãos e irmãs privados da própria dignidade e sintamo-nos desafiados a escutar o seu grito de ajuda. As nossas mãos apertem as suas mãos e levemo-los a nós para que sintam o calor da nossa presença, da amizade e da fraternidade. Que o seu grito se torne o nosso e, juntos, possamos romper a barreira de indiferença que frequentemente reina soberana para esconder a hipocrisia e o egoísmo."[134] A contemplação da misericórdia divina transforma a nossa sensibilidade humana e a inclina ao abraço de um coração que vê.

Na dança do criado

60. "Louvado sejas, meu Senhor, com todas as tuas criaturas."[135] O cântico de São Francisco de Assis continua a ressoar no início do século XXI com uma voz que não conhece cansaço, chama ao espanto, reconhece a beleza originária pela qual somos marcados como criaturas. Em São Francisco de Assis se cumpre a perfeita humanidade de Cristo, em quem "foram criadas todas as coisas" (Cl 1,16), resplandece a glória de Deus, se vislumbra o imenso no infinitamente pequeno.

O Senhor brinca no jardim da sua criação. Podemos colher os ecos daquela brincadeira quando estamos sozinhos numa noite estrelada, quando vemos as crianças num momento em que são verdadeiramente crianças; quando

---

[134] Ibidem, n. 15.
[135] SÃO FRANCISCO DE ASSIS. *Cântico das Criaturas*, 1.

sentimos o amor no nosso coração. Nestes momentos o despertar, a "novidade", o vazio e a pureza da visão se fazem evidentes, nos deixam vislumbrar um brilho da dança cósmica ao ritmo do silêncio, música de festa nupcial.[136]

Estamos presentes nesta dança do criado na modalidade humilde dos cantores e dos guardiães. Cantores: chamados a reavivar a nossa identidade de criaturas, elevamos o louvor na imensa sinfonia do universo. Guardiães: chamados a vigiar como sentinelas na espera da aurora sobre a beleza e a harmonia do criado. O Papa Francisco nos pede para recordar que não somos donos do universo, nos pede para redesenhar a nossa visão antropológica segundo a visão daquele que *move o céu e as outras estrelas*,[137] no respeito da nossa dignidade especial de ser humano, criatura deste mundo que tem direito a viver e a ser feliz.[138]

O antropocentrismo moderno acabou por colocar a razão técnica acima da realidade, de modo a diminuir o valor intrínseco do mundo, na complementariedade da sua ordem e das criaturas todas. O ser humano, prossegue o Papa Francisco, citando Romano Guardini, "não sente mais a natureza nem como norma válida, nem como refúgio vivente. A vê como espaço e matéria na qual realizar uma obra na qual jogar-se tudo, e não importa aquilo que resultará".[139] Estamos vivendo um excesso antropocêntrico.

---

[136] Cf. MERTON, T. *Semi di contemplazione.* Milano: Garzanti, 1953.

[137] ALIGHIERI, D. *Divina Comédia.* Paraíso, XXXIII, 145.

[138] Cf. FRANCISCO. Carta Encíclica *Laudato Si'* (LS) (24 de maio de 2015), n. 43.

[139] Ibidem, n. 115.

61. Não é possível uma nova relação com a natureza sem um coração novo, capaz de reconhecer a beleza de toda criatura, a dignidade especial do humano, a necessidade da relação, a abertura para um tu em que cada um reconhece a mesma origem, o tu divino. Sintamos como pessoas consagradas o chamado à circularidade relacional, ao coração capaz de oração laudativa como expressão de uma ascese que chama à conversão, à passagem da autorreferencialidade que ensoberbece e fecha – enquanto humilha pessoas e natureza –, à santidade hospitaleira de Cristo, no qual tudo vem acolhido, curado, reentregue à própria dignidade humana e criatural.

Sintamos, verdadeiramente em virtude de quanto nos sugere a inteligente sabedoria do coração, o chamado a vislumbrar escolhas, ações concretas pessoais, de comunidade e de Instituto que manifestem um estilo de vida sensato e justo.[140] Somos convidados com todos os irmãos e as irmãs em humanidade a acolher o "grande desafio cultural, espiritual e educativo que implicará longos processos de regeneração".[141]

Uma nova filocalia

62. Ressoa ainda a necessidade do ato formativo – nova filocalia – que abra, substancie, ative em nós, consagrados e consagradas, o *habitus* contemplativo: "Prestar atenção à beleza e amá-la ajuda-nos a sair do pragmatismo

---

[140] Cf. Ibidem, n. 203-208.
[141] Ibidem, n. 202.

utilitarista. Quando não se aprende a parar a fim de admirar e apreciar o que é belo, não surpreende que tudo se transforme em objeto de uso e abuso sem escrúpulos".[142] O Papa Francisco chama à paixão para compromisso educativo segundo uma espiritualidade ecológica que "nasce das convicções da nossa fé, pois aquilo que o Evangelho nos ensina tem consequências no nosso modo de pensar, sentir e viver".[143]

Uma espiritualidade que chama à conversão e, portanto, a uma ascese em que, reconhecendo o nosso modo de vida, e às vezes desequilibrado sobre ações de *routine*, nos empenhamos em exercícios de transformação do profundo: "Os desertos exteriores se multiplicam no mundo porque os desertos interiores se tornaram tão amplos".[144] Para fecundar o deserto, ponhamos na morada da nossa vida interior, fraterna e missionária as sementes do cuidado, da ternura, da gratidão, da alegria que sabe gozar pelas pequenas e simples coisas, o gosto do encontro, do serviço, "na frutificação dos próprios carismas, na música e na arte, no contato com a natureza, na oração".[145]

No tempo da criação existiu um sétimo dia em que Deus criou o repouso. O gosto do repouso parece não nos tocar. Trabalhamos com empenho louvável, mas muitas

---

[142] Ibidem, n. 215.

[143] Ibidem, n. 216.

[144] BENTO XVI. *Homilia por ocasião do solene início do ministério petrino*, Cidade do Vaticano (24 de abril de 2005).

[145] Cf. LS, n. 223.

vezes ele se torna o paradigma sobre o qual conjugamos a nossa vida consagrada. Ressoa o convite a redescobrir o dia do Ressuscitado na vida e nas nossas comunidades. O dia em que se chega e do qual se reparte, mas sobretudo o dia em que se permanece degustando o esplendor da Presença amada.

63. "Guarda-me como o sinete sobre teu coração" (Ct 8,6) pede a esposa do *Cântico*, quase a parar em um vínculo de fidelidade o amor. Evidencia-se o necessário cuidado de acompanhar a fidelidade à *sequela Christi* na nossa especial consagração num tempo em que muitas vezes ela é ameaçada pela fragilidade da nossa vida no Espírito (cf. 1Ts 5,17.19). A dimensão contemplativa da vida consagrada amadurecerá se se abrirem espaços formativos. Caminhos escolhidos, queridos e percorridos.

Sintamo-nos, portanto, interpelados no que se refere às nossas *Ratio formationis*, as práticas e as experiências formativas; no referente ao *habitat* formativo na diversidade das formas de vida consagrada. Interroguemos o nosso pessoal viver ferial e o da fraternidade: o modo de rezar, de meditar, de estudar, de viver em relação e na vida apostólica, de repousar. A atitude contemplativa interroga os nossos ambientes e as dinâmicas de cada dia: as nossas preferências, as ordens do dia, as desatenções, os métodos e os costumes, a pluralidade das escolhas e das decisões, as culturas. Cada coisa vai perscrutada no discernimento e iluminada pela beleza do Mistério que inabita em nós. De tal Luz se torna razão na humanidade e entre a humanidade: consagrados como "cidade sobre o monte que manifesta a verdade e a força das palavras de Jesus".[146]

---

[146] FRANCISCO. Carta Apostólica *Às Pessoas Consagradas*, para proclamação do Ano da Vida Consagrada (21 de novembro de 2014), II, n. 2.

EPÍLOGO

"Vem, amado!"
(Ct 7,12)

Na escuta

64. O amor é um evento que transfigura o tempo infundindo uma energia que enquanto se gasta se regenera. É próprio do amor viver a dimensão da espera, aprender a esperar. É o caso de Jacó, enamorado de Raquel. "Jacó ficou enamorado de Raquel e disse a Labão: 'Eu te servirei sete anos por Raquel, tua filha mais nova' [...] Jacó serviu por Raquel sete anos, que lhe pareceram dias, tanto era o amor por ela" (Gn 29,18.20). Jacó faz do amor pela mulher amada a sua razão de existir, em virtude da qual a fadiga do trabalho e o tempo passam para segundo plano. No *Cântico*, a dimensão do tempo parece desaparecer. O amor subtrai o homem à tirania do tempo e das coisas e substitui as coordenadas espaçotemporais, ou melhor, as oxigena na atmosfera de uma liberdade que dá o primado não ao fazer, mas ao morar, ao contemplar, ao acolher.

Quem ama tem pressa para rever o rosto do amado, sabe que à alegria do encontro seguirá o desejo sem fim. Com o convite ao amado para fugir "por sobre os montes perfumados" (Ct 8,14), o poema reinicia a dinâmica do desejo e da busca, canto aberto que celebra a beleza amada que não se poderá jamais possuir se não se reconhecer nela a alteridade da qual o corpo é símbolo. A busca recomeça para que os dois enamorados possam continuar a chamar-se sem parar, liberando o grito que representa o apelo mais incisivo: *Vem!* É voz que chama na reciprocidade do desejo (Ct 2.10.13; 4,8; 7,12), lembrança dirigida à superação da própria solidão, convite à comunhão.

Na dinâmica esponsal da vida consagrada este movimento da alma se transforma em oração incessante. Invoca-se o Amado como presença atuante no mundo, fragrância de ressurreição que consola, sana, abre à esperança (Jr 29,11). Façamos nossa a invocação que fecha a revelação bíblica: "O Espírito e a Esposa dizem: "Vem"! Aquele que ouve também diga: "Vem"! (Ap 22,17).

Sobre o monte no sinal do cumprimento

65. "Vinde! Vamos subir à montanha do Senhor! Vamos ao Templo do Deus de Jacó. Ele nos vai mostrar a sua estrada" (Is 2,3). "Atenções, intentos, vontade, pensamentos, afetos, sentimentos todos que estais no meu íntimo, vinde: subamos ao monte, ao lugar onde o Senhor vê e é visto".[147]

Se o chamado à contemplação, o chamado a subir ao monte do Senhor, é a própria vocação da Igreja e para ela é

---

[147] SAINT-THIERRY, Guilherme de. *Sobre a contemplação de Deus*, Prólogo, 1.

ordenada e subordinada toda outra atividade,[148] esta adquire um sentido e um acento permanente para as comunidades monásticas, comunidades integralmente orantes dedicadas à contemplação, segundo o carisma próprio de cada família religiosa.

A vida monástica é a forma do primeiro nascimento das comunidades de vida consagrada na Igreja e ainda hoje significa presença de homens e mulheres enamorados de Deus, que vivem em busca do seu Rosto e encontram e contemplam Deus no coração do mundo. A presença de comunidades colocadas como cidades sobre o monte e luzes no candelabro (cf. Mt 5,14-15), embora na simplicidade da vida, mostra visivelmente a meta para a qual caminha toda a comunidade eclesial que "avança nas estradas do tempo com o olhar fixo na futura recapitulação de tudo em Cristo".[149]

O que podem representar, para a Igreja e o mundo, as mulheres e os homens que escolhem viver a própria vida sobre o monte da intercessão? Que significado pode ter uma comunidade que se dedica essencialmente à oração, à contemplação, em um contexto de *koinonia* evangélica e laboriosa?

66. A vida das pessoas contemplativas se põe como figura do amor, homens e mulheres que vivem *escondidos*

---

[148] Cf. CONCÍLIO ECUMÊNICO VATICANO II. Constituição sobre a Sagrada Liturgia *Sacrosanctum Concilium* (4 de dezembro de 1963), n. 2.

[149] SÃO JOÃO PAULO II. Exortação Apostólica Pós-Sinodal *Vita Consecrata* (VC) (25 de março de 1996), n. 59.

com Cristo em Deus (cf. Cl 3,3), vivem os percalços da história humana e, postos no próprio coração da Igreja e do mundo,[150] permanecem "diante de Deus por todos".[151]

As comunidades de orantes não propõem uma realização mais perfeita do Evangelho, mas constituem uma instância de discernimento a serviço de toda a Igreja: sinal que indica um caminho, recordando dentro do povo de Deus o sentido daquilo que ele vive.[152] Consagrada na intimidade fecunda, na intercessão, as comunidades de contemplativos e de contemplativas são imagem da nostalgia do céu, do amanhã de Deus, espera ardente da esposa do *Cântico*, "sinal da união exclusiva da Igreja-Esposa com o seu Senhor, sumamente amado".[153] As comunidades contemplativas são chamadas a viver as categorias de um presente já doado[154] como missão, conscientes que presente e eternidade não são mais um depois do outro, mas intimamente conexos.

"A vocação monástica – disse o Papa Francisco – é uma *tensão* entre escondimento e visibilidade: tensão no sentido vital, tensão de fidelidade. A vossa vocação e ir

---

[150] CONCÍLIO ECUMÊNICO VATICANO II. Constituição Dogmática sobre a Igreja *Lumen Gentium* (21 de novembro de 1964), n. 44. VC, n. 3; 29.

[151] STEIN, E. Carta a Fritz Kaufmann. In: PAOLINELLI, M. *"Stare davanti a Dio per tutti". Il Carmelo di Edith Stein*. Roma: OCD, 2013.

[152] CONCÍLIO ECUMÊNICO VATICANO II. Decreto sobre a renovação da Vida Religiosa *Perfectae Caritatis* (28 de outubro de 1965), n. 5.

[153] VC, n. 59.

[154] BENTO XVI. Carta Encíclica *Spe Salvi* (30 de novembro de 2007), n. 9.

precisamente ao campo de batalha, é luta, é bater à porta do coração do Senhor."[155]

A *stabilitas* monástica deixa espaço a Deus e anuncia a certeza da presença nas vicissitudes da vida humana, em toda parte onde se encontre: aonde habita o homem ali veio para habitar Deus, no seu Filho Jesus Cristo. O estar das comunidades de contemplativos e de contemplativas fala de um lugar habitado por quem não passa além; como o levita ou o sacerdote da parábola; por quem sabe morar de modo estável para deixar-se encontrar pelo homem e pelas suas questões, para hospedar na própria relação com Deus a humanidade ferida.

Confessar amor a Deus e narrar aos homens uma parábola do Reino dos Céus: isto é a vida integralmente contemplativa. Os monges e as monjas têm como horizonte da própria oração o mundo, os seus rumores e o silêncio da sua desolação; as suas alegrias, riquezas, esperanças e angústias; os seus desertos de solidão e as suas multidões anônimas.

Este é o caminho dos peregrinos em busca do Deus verdadeiro, é a história de toda pessoa contemplativa que permanece vigilante, enquanto acolhe em si mesma a *sequela Christi* como configuração a Cristo. A *stabilitas* se revela sempre caminho, possibilidade de saída além das fronteiras do tempo e do espaço, para fazer-se posto avan-

---

[155] FRANSCISCO. *Encontro do Papa Francisco com os Religiosos e as Religiosas de Roma*, Cidade do Vaticano (16 de maio de 2015), primeira pergunta.

çado da humanidade: "Vamos morrer pelo nosso povo" dirá Edith Stein à irmã Rosa quando, presa no Mosteiro de Eckt, é conduzida para Auschwitz em holocausto.[156]

67. A vida monástica, em grande parte declinada no feminino, se enraíza em um silêncio que se torna criador: "Compreender-se hoje como mulheres em oração é um grande desafio", afirmam as monjas, é viver um *status* vital que cria.

A vida monástica feminina se torna o coração de intercessões, narrações de relações verdadeiras, de cuidado e de cura: é guardiã de todo traço de vida, capaz de intuir caminhos de empatias e harmonias escondidas e persistentes. As monjas sabem ser e podem ser vozes de gratuidade e de questões fecundas, fora de toda idealização prefixada, enquanto se deixam plasmar pela potência do Evangelho. A unificação do coração, dinamismo próprio da vida monástica, requer com urgência que ela seja reproposta como empatia, laboratório de narrações de salvação, consciente disposição ao diálogo dentro da cultura da fragmentação, da complexidade, da precariedade, abstendo-se do fascínio de uma paz imaginária.

Tudo isto requer uma exigente formação à vida de fé, vida aperfeiçoada como docilidade ao Espírito. Requer também escuta atenta dos sinais dos tempos, em uma relação real com a história e com a Igreja nas suas realidades particulares, que não seja feita apenas de informações e de

---

[156] Últimas palavras de Edith Stein – Santa Teresa Benedita da Cruz –, à irmã Rosa no Mosteiro de Eckt.

relações abstratas. Requer uma intercessão que apaixone e envolva a vida, terreno em que germina a profecia.

68. Desta fronteira do humano, as comunidades contemplativas se tornam capazes de ver além, de ver o Além. A escatologia é dada como pátria não daqueles que saltam o humano, mas daqueles que, empenhando toda a vida na busca absoluta de Deus, frequentam os eventos históricos para discernir os sinais da presença de Deus e servir os seus desígnios. Os muros que marcam o espaço estão a serviço da busca, da escuta, do louvor, não representam separação fóbica nem atenuação da atenção ou de acolhida: eles exprimem o pulsar essencial do amor forte pela Igreja e a caridade solidária pelos irmãos.

A vida integralmente contemplativa narra a harmonia entre tempo e escatologia. O tempo vem abreviado. *Sequela* e espera caminham juntas. Não é sustentável o *segue-me* de Jesus aos discípulos sem parusia que se faz grito na oração comunitária da Igreja, esperança que invoca: "Vem, Senhor Jesus" (Ap 22,20). A Igreja Esposa é fecundada pelo testemunho deste além, para que a dimensão escatológica corresponda à exigência da esperança cristã.

A comunidade contemplativa posta sobre o monte solitário ou entre os aglomerados urbanos caóticos e rumorosos recorda a relação vital entre o tempo e o eterno. A comunidade que contempla lembra que não temos à nossa disposição um tempo infinito, um eterno retorno, um *continuum* homogêneo, privado de suspiros, e testemunha uma possibilidade epifânica nova do tempo. Os dias não são uma eternidade vazia, fragmentada e líquida na qual tudo pode acontecer, com exceção de um fato essencial: que o eterno entre no tempo e dê tempo ao tempo. Vive-se a densidade de um tempo pleno, cheio do eterno. Vive-se a escatologia cristã não mais fragmentada e inerte nos nossos tempos breves, mas evolução contínua e luminosa.[157] Os contemplativos não vivem o tempo como realidade exasperada pela espera, mas como um fluir contínuo do Eterno no tempo quotidiano. É uma profecia de vida que faz memória contínua do nexo essencial que reforça a *sequela* e a espera. Não se pode eliminar um componente sem comprometer seriamente o outro, não se pode viver sem sopro do infinito, sem espera, sem escatologia.

69. Esta cultura evangélica, tão cara aos mosteiros, demonstrou nos séculos que a esperança cristã vivida na espera próxima se configura como *opus Dei* que não leva ao desempenho histórico e social, mas gera responsabilidade e põe premissas para um sadio humanismo. Em uma cultura que gerou o sombrio escatológico do *tédio*, tempo sem tempo, que evita o confronto com a transcendência, pode e deve ser ligado ao tempo dos contemplativos; tempo daqueles que têm algo mais a dizer. Eles, através de uma vida sóbria e alegre, afastando-se de toda manipulação e compromisso, atestam a precariedade e o caráter efêmero de toda cultura do presente que limita a vida.

As comunidades contemplativas, nas quais homens e mulheres vivem a busca do Rosto e a escuta da Palavra

---

[157] Cf. METZ, J. B. *Tempo di religiosi? Mistica e politica della sequela.* Brescia: Queriniana, 1978.

quotidie, conscientes de que Deus permanece um infinito, jamais conhecido, estão imersas em uma dialética de *já* e *ainda não*. Lógica que não toca apenas a relação tempo eternidade, mas também a relação entre a experiência de Deus vivo e consciente e a sua misteriosa transcendência. Tudo jogado na própria carne, na angústia das coisas, no fluir dos dias e dos acontecimentos.

Humanidade vigilante, sentinelas sobre o monte que perscrutam os fragmentos da aurora (cf. Is 21,12) e marcam o *adventus* do Deus que salva.

Nas estradas guardando Deus

70. "A busca do Rosto de Deus em cada coisa, em cada um, em toda parte, em todo momento, vendo a sua mão em cada coisa que acontece: esta é a contemplação no coração do mundo",[158] escrevia a Beata Teresa de Calcutá.

Se as comunidades integralmente dedicadas à contemplação iluminam e guiam o caminho, toda a vida de especial consagração é chamada a ser lugar onde acontece o abraço e se dá a companhia de Deus.

Uma contemplação autenticamente cristã não pode prescindir do movimento em direção ao exterior, por um olhar que do mistério de Deus se dirige ao mundo e se traduz em compaixão ativa. "Ninguém jamais viu a Deus" (Jo 1,18),

---

[158] BALADO, J. L. González (a cura di). *I fioretti de Madre Teresa de Calcutta. Vedere, amare, servire Cristo nei poveri.* Ciniselo Balsamo (MI): San Paolo, 1992. p. 62.

mas Jesus se fez o exegeta, aquele que do invisível Pai é o rosto visível. Apenas a condição de deixar-se envolver por Cristo e pelas suas escolhas será possível contemplar. Quem deseja contemplar Deus aceita viver de modo a permitir aos homens e às mulheres do seu tempo reconhecê-lo. Àqueles que o vivem testemunhando no mundo, o Deus de Jesus Cristo se revela como hóspede e comensal.

Somos chamados a saborear o mistério do Deus "misericordioso e clemente, paciente, rico em bondade e fiel" (Ex 34,6), do Deus que "é amor" (1Jo 4,8), e a guardá-lo nas estradas humanas, também no sinal da fraternidade.

O Papa Francisco convidou os consagrados coreanos: "O vosso desafio é tornar-vos 'especialistas' na misericórdia divina precisamente através da vida em comunidade. Sei, por experiência, que a vida comunitária nem sempre é fácil, mas é um terreno providencial para a formação do coração. Não é realista esperar que não haja conflitos: surgirão incompreensões e será preciso enfrentá-las. Mas, apesar destas dificuldades, é na vida comunitária que somos chamados a crescer na misericórdia, na paciência e na caridade perfeita".[159] Diante dessa visão a nossa vida fraterna deve ser examinada: é lugar de misericórdia e de reconciliação, ou espaço e relação ineficaz em que se respira desconfiança, juízo até a condenação.

71. O evento da contemplação pode acontecer sempre e em toda parte, sobre o monte solitário como nas trilhas das

---

[159] FRANCISCO. *Discurso por ocasião do encontro com as comunidades religiosas na Coreia*, Seul (16 de agosto de 2014).

periferias do não humano. E é salvífico. As comunidades de consagrados e de consagradas vigilantes, nas cidades e nas fronteiras entre os povos são lugares em que as irmãs e os irmãos asseguram a si mesmos e em favor de todos o espaço do cuidado de Deus. Um convite para ser comunidade orante na qual Deus se faz presente; uma recordação para viver em vigilante economia do tempo a fim de que ele não se encha de coisas, de atividades, de palavras. As comunidades apostólicas, as fraternidades, os consagrados individualmente, nas várias formas, guardam no contato e no confronto diuturno com as culturas o tempo de Deus no mundo, as razões e o modo do Evangelho: "Lugares de esperança e de descoberta das Bem-aventuranças, lugares nos quais o amor, atingindo a oração, fonte da comunhão, é chamado a se tornar lógica de vida e fonte de alegria".[160] Sinal daquele que incessantemente vem para encontrar-nos como o Vivente.

Em um tempo de conflito mundial grave (1943) e em um lugar, Auschwitz, no qual tudo proclamava, ou melhor, gritava a morte de Deus e do homem, Etty Hillesum, jovem judia, institui com olhar contemplativo a íntima ligação entre as sortes de um e aquelas de outros, descobre em si mesma a verdade do humano como lugar de relações de compaixão em que sobrevive a presença de Deus. Confia a si mesma uma tarefa: guardar, preservar, mais que a própria vida física, o núcleo interior mais profundo. É a experiência mística que as pessoas orantes experimentam: "Meu Deus, são tempos tão angustiantes. Esta noite pela

---

[160] VC, n. 51.

primeira vez estava desperta na escuridão com os olhos que me queimavam, diante de mim passavam imagens sobre imagens da dor humana. [...] E quase a cada batida do meu coração cresce a minha certeza: [...] cabe a nós ajudar-te, defender até o último a tua casa em nós. Existem pessoas que no último momento se preocupam em colocar a salvo o aspirador de pó, garfos e colheres de prata, ao invés de salvar a ti, meu Deus. [...] Tornaste-me tão rica, meu Deus, deixa-me então dispensar aos outros abundantemente. A minha vida se tornou um diálogo ininterrupto contigo, um único grande diálogo".[161]

Quando o espírito compreende, vê e degusta a riqueza que é Deus mesmo, a espalha como salvação e alegria no mundo. Torna-se realidade a profecia de Isaías: "O Senhor te guiará todos os dias e vai satisfazer teu apetite, até no meio do deserto. Ele dará a teu corpo nova vida, e serás um jardim bem irrigado, mina d'água que nunca para de correr" (Is 58,11).

72. A contemplação fiel, coerente no cumprimento da missão chamou consagrados e consagradas até o extremo do êxtase: "A efusão do próprio sangue, plenamente configurado ao Senhor crucificado".[162] É o êxtase previsto por Padre Christian de Chergé, prior do Mosteiro de Tibhirine, decapitado juntamente com seis confrades nas montanhas algerianas do Atlas, em maio de 1996. Sete monges que

---

[161] HILLESUM, E. *Diario 1941-1943*. 20.ed. Milano: Adelphi, 1996. p. 169-170; 682.
[162] VC, n. 86.

escolheram testemunhar em silêncio e na solidão, no abraço quotidiano com as pessoas, o Deus da vida.

"A minha morte parecerá dar razão àqueles que rapidamente me trataram por ingênuo ou por idealista: 'Diga agora aquilo que pensam!'. Mas estes devem saber que será finalmente a minha mais ávida curiosidade. Eis que poderei, se a Deus agradar, imergir o meu olhar naquele do Pai, para contemplar com ele e seus filhos como ele lhe vê, totalmente iluminados pela glória de Cristo, frutos da sua paixão, investidos do dom do Espírito, cuja alegria secreta será sempre o estabelecer a comunhão e o restabelecer a semelhança, brincando com as diferenças. Desta vida perdida, totalmente minha, e totalmente deles, eu dou graças a Deus, que parece tê-la querido toda inteira para aquela *alegria*, através de e não obstante tudo."[163]

A vida se torna um canto de louvor, enquanto a oração contemplativa flui como uma bênção, cicatriza e cura, abre à unidade – além das etnias, das religiões, das culturas – enquanto introduz no cumprimento do futuro.

"O meu corpo é para a terra,

mas, por favor, nenhuma barreira entre ela e mim.

O meu coração é para a vida,

mas, por favor, nenhuma afetação entre ela e mim.

Os meus braços são para o trabalho,

---

[163] CHERGÉ, C. de. Testamento spirituale. In DE CHERGÉ, C. e gli altri monaci di Tibhirine. *Più forte dell'odio*. Comunità di Bose: Edizioni Qiqajon, 2006. p. 219-220.

serão cruzados muito simplesmente.

Para o meu rosto: permaneça nu para não impedir o beijo.

E o olhar, deixai-o ver."[164]

O *eschaton* está presente já na história, semente para levar a cumprimento no canto da vida que contempla e acontece a esperança.

---

[164] Ibidem.

PARA A REFLEXÃO

73. As provocações do Papa Francisco

- Também nós podemos pensar: qual é hoje o olhar de Jesus sobre mim? Como Jesus me olha? Com um chamado? Com um perdão? Com uma missão? [...] No caminho que ele seguiu, todos nós somos o olhar de Jesus: ele nos olha sempre com amor, nos pede alguma coisa, nos perdoa alguma coisa e nos dá uma missão.[165]

- São tantos os problemas que afrontais cada dia! Eles vos impulsionam para imergir-vos com paixão em uma generosa atividade apostólica. Todavia, nós sabemos que sozinhos não podemos fazer nada. [...] A dimensão contemplativa se torna indispensável, em meio aos empenhos mais urgentes e pesados. E mais a missão nos chama para ir em direção às periferias existenciais, mais o nosso coração sente a necessidade no íntimo de estar unidos àquele de Cristo, pleno de misericórdia e de amor.[166]

---

[165] FRANCISCO. *Meditação matinal na capela da* Domus Sanctae Marthae, Cidade do Vaticano (22 de maio de 2015).

[166] FRANCISCO. *Discurso por ocasião da Celebração das Vésperas com sacerdotes, religiosas, religiosos, seminaristas e movimentos laicais*, Tirana (21 de setembro de 2014).

- Levai adiante o caminho de renovação iniciado e em grande parte realizado nestes cinquenta anos, avaliando toda novidade à luz da Palavra de Deus e na escuta das necessidades da Igreja e do mundo contemporâneo, e utilizando todos os meios que a sabedoria da Igreja coloca à disposição para avançar no caminho da vossa santidade pessoal e comunitária. E entre estes meios o mais importante é a oração, também a oração gratuita, a oração de louvor e de adoração. Nós, consagrados, somos consagrados para servir o Senhor e servir os outros com a Palavra do Senhor, não? Dizei aos novos membros, por favor, dizei que rezar não é perder tempo, adorar a Deus não é perder tempo, louvar a Deus não é perder tempo.[167]

- A vida é um caminho para a plenitude de Jesus Cristo, quando virá pela segunda vez. É um caminho para Jesus, que voltará na glória, como os anjos haviam dito aos apóstolos no dia da Ascensão. [...] Eu estou apegado às minhas coisas, às minhas ideias, fechado? Ou estou aberto ao Deus das surpresas? [...] Eu sou uma pessoa parada ou uma pessoa que caminha? [...] Eu creio em Jesus Cristo e naquilo que fez, isto é, morreu, ressuscitou [...] creio que o caminho

---

[167] FRANCISCO. *Discurso por ocasião da Plenária da Congregação para os Institutos de Vida Consagrada e as Sociedades de Vida Apostólica*, Cidade do Vaticano (27 de novembro de 2014).

vai em direção à maturidade, à manifestação da glória do Senhor? Eu sou capaz de entender os sinais dos tempos e de ser fiel à voz do Senhor que se manifesta neles?[168]

- Muitas vezes erramos, porque somos todos pecadores, mas reconhecemos que erramos, pedimos perdão e oferecemos perdão. E isto faz bem à Igreja: faz circular no corpo da Igreja a seiva da fraternidade. E faz bem também à sociedade inteira! No entanto, esta fraternidade pressupõe a paternidade de Deus e a maternidade da Igreja e da Mãe, da Virgem Maria. Devemos voltar a pôr--nos cada dia nesta relação, e só o podemos fazer mediante a oração, com a Eucaristia, a adoração, o Rosário. É assim que nós renovamos, cada dia, o nosso "permanecer" com Cristo e em Cristo, inserindo-nos deste modo na relação autêntica com o Pai que está no céu e com a Mãe Igreja, com a nossa santa Mãe Igreja hierárquica, a Mãe Maria. Se a nossa vida se colocar sempre de novo nestas relações fundamentais, então seremos capazes de realizar também uma fraternidade autêntica, uma fraternidade de testemunho, que atrai.[169]

---

[168] FRANCISCO. *Meditação matinal na capela da* Domus Sanctae Marthae, Cidade do Vaticano (13 de outubro de 2014).

[169] FRANCISCO. *Discurso aos participantes da Assembleia Nacional da Conferência Italiana de Superiores Maiores (CISM)*, Cidade do Vaticano (7 de novembro de 2014).

- Deus trabalha, continua a trabalhar, e nós podemos perguntar-nos como devemos responder a esta criação de Deus, que nasceu do amor porque ele trabalha por amor. [...] Na "primeira criação" devemos responder com a responsabilidade que o Senhor nos dá: "A terra é vossa, levai-a adiante; fazei-a crescer!". [...] Também para nós existe a responsabilidade de fazer crescer a terra, de fazer crescer o criado, de guardá-lo e fazê-lo crescer segundo as suas leis: nós somos senhores do criado, não donos.[170]

- Todos os dias, fazer feliz a vida de uma pessoa que vive no mundo, e ao mesmo tempo guardar a contemplação, esta dimensão contemplativa em relação ao Senhor e também ao mundo, contemplar a realidade, como contemplar as belezas do mundo, e também os grandes pecados da sociedade, os desvios, todas estas coisas, e sempre em tensão espiritual... Por isso a vossa vocação é fascinante, porque é uma vocação que está precisamente ali onde está em questão a salvação não só das pessoas, mas das instituições.[171]

- E no trabalho que faz o Espírito Santo em nós, de recordar-nos as palavras de Jesus, de fazer enten-

---

[170] FRANCISCO. *Meditação matinal na capela da* Domus Sanctae Marthae, Cidade do Vaticano (9 de fevereiro de 2015).

[171] FRANCISCO. *Audiência aos participantes do encontro promovido pela Conferência Italiana dos Institutos Seculares*, Cidade do Vaticano (10 de maio de 2014).

der aquilo que Jesus disse, como respondemos? [...] Deus é pessoa: é pessoa Pai, pessoa Filho e pessoa Espírito Santo. [...] A todos os três nós respondemos: guardar e fazer crescer o criado, deixar-se reconciliar com Jesus, com Deus em Jesus, em Cristo, cada dia, e não entristecer o Espírito Santo, não o expulsar: é hóspede do nosso coração, aquele que nos acompanha, nos faz crescer.[172]

Ave, Mulher vestida de sol

74. O nosso pensamento se dirige a Maria, arca de Deus. Ao lado do seu Menino, carne da sua carne e origem que vem do Alto, Maria está unida ao Mistério. Felicidade inenarrável e enigma insondável. Torna-se templo do silêncio sem o qual não germina a semente da Palavra, nem floresce o encanto por Deus e pelas suas maravilhas; lugar em que se ouvem as vibrações do Verbo e a voz do Espírito como aura leve. Maria se torna a esposa no encanto que adora. O evento divino realizado nela de modo admirável vem acolhido no tálamo da sua vida de mulher:

Adorna thalamum tuum, Sion,
Virgo post partum, quem genuit adoravit.[173]

---

[172] FRANCISCO. *Meditação matinal na capela da* Domus Sanctae Marthae, Cidade do Vaticano (9 de fevereiro de 2015).

[173] *LITURGIA HORARUM. Festa da Apresentação de Jesus no Templo*, Ofício de leitura, 1º responsório.

Maria torna-se caixa de memórias relativas ao Menino, fatos e palavras confrontadas com as previsões dos profetas (cf. Lc 2,19), refletidos com a Escritura no profundo do coração: guarda ciosamente tudo aquilo que não consegue compreender, na espera de que o Mistério seja revelado. A narrativa lucana sobre a infância de Jesus é um *liber cordis*, escrito no coração da Mãe antes que nos pergaminhos. Neste lugar do profundo toda palavra de Maria, de alegria, de esperança, de dor, se tornou memória de Deus por assídua meditação contemplativa.

No decurso dos séculos a Igreja compreendeu paulatinamente o valor exemplar da contemplação de Maria. Ler a Mãe qual ícone da contemplação foi obra dos séculos. Dionísio, o Cartuxo, a indica como *summa contemplatrix* porque, como "foi concedido que de modo singular por ela e por meio dela se realizaram os mistérios da humana salvação, assim lhe foi dado de modo eminente e mais profundo contemplá-lo".[174] Da Anunciação à Ressurreição, através do *stabat iuxta crucem*, onde *mater dolorosa et lacrimosa* adquire a sabedoria da dor e das lágrimas. Maria tece a contemplação do Mistério que nela habita.

Em Maria podemos ver o caminho místico da pessoa consagrada, estabelecida na humilde esperança que saboreia o mistério do cumprimento final. Uma mulher vestida de sol aparece como sinal esplêndido no céu: "Então apareceu no céu um grande sinal: uma mulher vestida com o sol, tendo

---

[174] DE FIORES, S. Elogio della contemplazione. In: PASINI, S. M. (ed.). *Maria modello di contemplazione del mistero di Cristo.* Roma: Ed. Monfortane, 2000. p. 21-22.

a lua debaixo dos pés e, sobre a cabeça, uma coroa de doze estrelas" (Ap 12,1). Ela, nova Eva casada sob a cruz, nova mulher do *Cântico*, sai do deserto apoiada em seu dileto (Ct 8,5) e dá à luz no mundo e no tempo do fragmento e da fragilidade o Filho, fruto de salvação universal, gáudio do Evangelho que salva:

> Andarás, assim te pedimos...
> Voarás entre pináculo e pináculo
> em torno das cúpulas,
> entrarás pelas ogivas das igrejas
> e atrás das selvas dos arranha-céus,
> no coração do palácio,
> e no meio da estepe:
> emigrarás, peregrina, e imediatamente
> e em todos os lugares darás à luz teu Filho,
> alegria e unidade das coisas,
> ó eterna Mãe.[175]

Cidade do Vaticano, 15 de outubro de 2015, Memória de Santa Teresa d'Ávila, virgem e doutora da Igreja.

João Braz Cardeal de Aviz
Prefeito

†José Rodríguez Carballo, OFM
Arcebispo Secretário

---

[175] TUROLDO, D. M. *O sensi miei... Poesie 1948-1988*. Milano: Rizzoli, 1990. p. 256.

SUMÁRIO

PRÓLOGO.. 11
        Na escuta... 11
        Vida consagrada, *statio orante*
        no coração da história............................... 13

BUSCAR... 27
        Na escuta... 27
        O aprendizado quotidiano da busca............ 29
        A busca na noite.. 35

HABITAR... 41
        Na escuta... 41
        Na forma da beleza.. 44
        No exercício da verdade............................... 56

FORMAR.. 69
        Na escuta... 69
        No estilo da beleza.. 71
        Na proximidade da misericórdia................ 86
        Na dança do criado....................................... 90

EPÍLOGO.. 97
        Na escuta... 97
        Sobre o monte no sinal do cumprimento..... 98
        Nas estradas guardando Deus...................... 105

PARA A REFLEXÃO.. 111
        As provocações do Papa Francisco............. 111
        Ave, Mulher vestida de sol.......................... 115

Impresso na gráfica da
Pia Sociedade Filhas de São Paulo
Via Raposo Tavares, km 19,145
05577-300 - São Paulo, SP - Brasil - 2016